한국인의 효

II 시대의 변화와 실천의 유형

한국인의 효

II 시대의 변화와 실천의 유형

● 성규탁 지음

이담 Books

Filial Piety of Koreans Ⅱ
Changing Forms of Practice

Ideal-Practice-Welfare

Kyu-taik Sung, Ph.D

Korean Studies Information Company, Ltd.
Republic of Korea

[이념 – 실천 – 복지]

고령자들과 연소자들이

서로 존중하며

인간애에 찬 호혜적 관계를

발전시켜 나가기를

갈망하면서

이 책을 펴낸다.

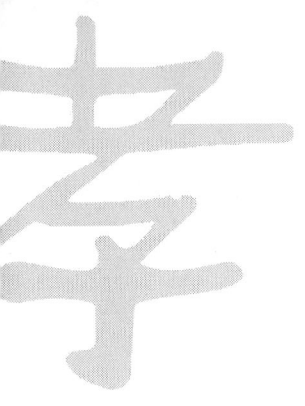

[머리말]

가족을 중심으로 효가 실천되어 왔다. 그동안 우리의 가족들은 많이 달라졌다. 가족이 효를 실천하는 것을 재검토해야 하겠다는 소리가 높아졌다. 이를 재검토하는 데 초점이 되는 것은 부모와 자녀가 서로 보살피는 관계이다.

최근에 부모부양이 부담스러운 가족들이 속출하고 고독, 소외, 경제적 어려움을 호소하는 고령자들이 많아졌다. 서양의 여러 나라가 노인문제를 두고 고심하는 상황을 보면서 동양의 우리가 당면한 노인문제도 심상치가 않음을 느끼게 된다.

다행히도 우리는 조상으로부터 이어받은 효가 있다. 효는 부모와 자녀 간의 인륜적이고 도덕적인 관계를 지켜나가는 가치이고 규범이다. 이의 기본은 노인을 존경하고 봉양하며 가족 상호간의 복리를 증진하는 의무를 일상생활 속에서 수행하는 것이다.

효의 원리를 새 시대의 우리 생활에 알맞게 발전적으로 재정립한다면 노인복지는 물론 가족복지를 이룩하는 데 도움이 되지 않겠느냐 해서 저자는 부모자녀 간의 지원관계를 중심으로 효를 연구 해 왔다.

저자는 효의 관한 주제들을 연속적으로 연구를 해 왔는데 그 첫 번째가 한국인이 효행을 하는 동기 또는 이유를 조사한 것이다. 6,000여 명의 성인 남녀를 대상으로 부모자녀 관계와 관련된 비교적 다양한 주제들에 대해 조사하였다. 우연히 저자의 효의 경험적 연구가 중국과 일본을 포함한 동아시아 나라들에서 처음으로 행해진 사실이 드러나 국내외에서 이 조사결과를 소개하는 기회를 여러 번 가졌다.

오늘날 자녀들의 커다란 고민 가운데 하나가 부모와 떨어져 살면서 부모를 모셔야 하는 것이다. 사회적, 경제적, 교육적인 사정으로 앞으로 부모와 자녀가 지리적으로 멀리 또는 가까이 떨어져 사는 사례가 늘어날 것이다. 떨어져 살면서 과연 부모자녀 관계를 유지할 수 있느냐는 심각한 문제가 등장한 것이다. 그래서 이 책에서는 주로 부모와 자녀가 떨어져 살면서 상호 지원하는 데 대해서 논의하겠다.

이와 연관하여 별거하면서 효를 하는 방식, 동거하면서 효를 하는 방식, 이웃과 사회의 많은 고령인들을 위해 효를 하는 방식의 새 가지 효행의 형(型)을 들어 도합 15가지의 사례를 소개하였다.

부모자녀 관계는 노년학 연구에서 가장 중요한 과제들 중의 하나이다. 저자의 조사에서 바람직한 부모자녀 관계는 부모와 자녀가 서로 애정과 지원을 주고받는 호혜적 관계 속에서 이루어지는 것임이 드러났다. 그리고 호혜적 부모자녀 관계를 우리 조상들이 옛적부터 권장해 왔음을 알았다.

이러한 연구가 앞으로 새 시대 한국인들이 효를 발전적으로 표현하는 데 참고가 된다면 다시없는 기쁨으로 여기겠다.

2010년 정초
효문화연구소
Elder － Respect, Inc.
성 규 탁

[목차]

1장

현대인이
효도를 하는 이유
효행자와 일반인의 차이

지금까지 효에 관한 자료들은 대개가 효를 추상적으로 다루어 왔다. 그래서 효에 대한 설명은 막연하고 구체적이지 못했다. 이 때문에 현대인이 효의 참뜻을 이해하고 실천하는 데 도움이 될 만한 분명한 지침을 찾기가 어려웠다.

그동안 입에서 입으로 전해져 일반적으로 알려진 효의 뜻은 '부모를 공경하고 잘 보살펴 드리는 것'이다. 하지만 이러한 단순한 정의로는 폭넓고 복잡한 효의 뜻을 이해하기가 힘들다. 문헌에서는 저자의 관심에 따라 효를 이런저런 항목으로 설명하고 있으며, 개별 항목의 중요성도 저자에 따라 다르게 주어지고 있다. 그러므로 효의 참뜻을 이루는 믿을 만한 내용은 아직까지 확실히 가려 내지 못하고 있는 실정이다. 더욱이 새로운 시대에 사는 우리가 효를 잘 이해하기 위해서는 먼저 효의 뜻을 분명히 가려내어 구체적으로 표시해야만 한다.

효는 가족, 이웃 나아가 사회 성원들 간의 관계를 유지하는 데 있어 지켜야 할 도덕적 원칙을 제시하며 오랜 세월 동안 부모와 어른에 대한 한국인의 사고방식과 행동양식을 규정해 왔다. 그리하여 오늘날에도 과거보다는 덜하지만 우리의 일상생활의 사소한 부문에 이르기까지 커다란 영향을 끼치고 있다.

최근에는 우리의 생활양식이 많이 달라졌기 때문에 효를 다시 신중히 검토해야 된다는 소리가 높아지고 있다. 그리하여 효의 뜻 자체를 풀이해 보자는 소리가 높아졌다.

그렇다면 오늘날 우리 한국인들이 생각하는 사실상의 효란 과연 어떤 것인가? 구체적으로 우리가 부모에게 효도를 하는 근본적인 이유는 무엇이며 더욱이 한국인이 지향하는 효의 이상형(理想型)은 어떠한 것인가?

이러한 과제들에 대한 답을 찾아보려고 저자는 효에 관한 문헌을 주로 살피어 나가 먼저 모범적으로 부모를 부양하여 효행상[1]을 받은 사람들을 조사하고, 다음으로 이 상을 받지 않은 일반 사람들을 조사한 후 새 시대의 한국인들이 공통적으로 생각하는 효의 뜻과 효행자와 일반인이 서로 다르게 생각하는 효의 뜻을 파악해서 비교해 보았다.

---

1) 우리나라는 효행상 제도를 1973년에 제정하여 보건복지가족부가 운영해 오고 있다. 민간에서도 효행상을 제정하여 시상하고 있는데 이 중 대표적인 것이 삼성복지재단의 효행상(1975년 제정)과 아산복지재단의 아산효행대상(1991년 제정)이 있다. 동아시아의 나라들에서 효가 숭앙되고 있기는 하나, 이와 같이 국가와 사회단체가 효행상을 공공 제도로 설정해서 운영하는 나라는 우리나라뿐이다. 정부의 효행상은 매년 5월 경로 주간에 시상하고 있다. 수상 후보자들은 전국에서 두 가지 경로를 통해서 보건복지가족부 노인복지국으로 추천된다. 한 경로는 행정단위를 통한 것으로서 읍, 면, 군, 시, 도 또는 상부의 정부 부서의 장이 추천하는 것이며, 다른 경로는 민간의 각종 단체의 장이 추천하는 것이다. 보건복지가족부장관이 위촉하는 심사위원들이 후보자들에 관한 증빙 자료를 심사하는데, 추천된 후보자들은 특별한 하자가 없는 한 수상자로 선정된다.
매년 200∼300명 정도가 수상한다. 수상자들 가운데 약 30%는 특출한 효행을 하여 최고의 상인 국가상, 대통령상 또는 국무총리상을 받으며, 나머지 70%에 해당하는 효행자들은 보건복지가족부장관상을 받는다. 상품으로 상장과 상금을 받는데 상금은 효행 정도에 따라 차이가 있다. 훈장은 국가상의 경우에만 수여된다.

그래서 "오늘날 한국인들은 과연 효를 어떻게 해석하고 있는가?" 그리고 "효를 실천하는 가장 중요한 이유는 무엇인가?"라는 두 가지 질문을 해서 얻은 자료를 가지고 새 시대의 효의 뜻과 효로써 이룩하고자 하는 바를 파악하였고 나아가 부모부양과 관련된 성인 자녀들의 태도나 도덕성을 평가할 수 있는 효의 항목들을 가려내었다.[2]

| 효의 내용을 가리키는 항목들

일상생활 속에서 부모에게 효도한 이야기들이 중국의 유명한 "효행에 관한 24편의 실화"(孝的 故事)란 책에 실려 있다. 오랜 세월을 두고 중국에서 전해 내려오는 이 효행 이야기들은 부모에게 효도하는 실례를 알리는 것이다(효적고사, 1997; 리(李) & 동(董), 2003). 본 조사에 들어가기 전에 이들 중국의 효행자들이 부모에게 효도한 내용과 한국의 효행상 수상자들이 효도한 내용을 비교해 보았다.

중국과 한국의 이야기들에 내포되어 있는 효이념은 대체로 같다. 그런데 중국의 이야기들 중에는 전설적인 내용도 포함되어 있었다. 이와는 대조적으로 한국 효행자들에 관한 이야기들은 모두가 현재 생존하는 사람들이 실생활 속에서 행한 효에 관한 사례들이었다.

"한국효행실록"에는 지난 수십 년간 우리나라 각 지방에서 선발된

---

2) 사회과학적인 조사방법을 사용해서 체계적으로 행한 경험적인 효 연구로서는 아마도 이것이 처음 시도된 것이 아닌가 생각한다. 이 조사의 결과는 미국 노년학회지와 한국의 노년학회지에서 발표되었다.

효행상 수상자들에 관한 이야기들이 실려 있다. 이 이야기들은 일정한 구조 없이 수상자의 개인적 배경(연령, 주소, 교육, 직업 등), 효행의 역사, 효행을 하면서 겪은 육체적, 재정적 및 사회적 어려움, 감동할 만한 효행 에피소드, 가족들과의 관계 등이 적혀 있다. 이들을 추천한 사람들은 이 수상자들의 효행 내력을 잘 아는 지역 사회의 유지들이다.

효의 뜻을 옳게 파악하기 위해서 지금까지 널리 알려져 있고 또 일반적으로 받아들이고 있는 효의 의미를 모두 종합해서 분석하였다. 먼저 효행자들(817명)에 관한 이야기의 내용을 분석하였다. 그러나 이 이야기만 가지고는 정확한 효행 이유를 파악하기가 어렵기 때문에, 다시 설문으로 이들(108명)의 개인적인 의견을 직접 조사하였다(이 108명은 817명 중에서 무작위로 추출되었음.) 다음에는 효행자가 아닌 일반 사람들(1,227명)로부터 수집한 자료를 바탕으로 효행 이유를 조사하였다. 끝으로 효행자와 일반인의 효행 이유에 관한 자료를 비교 분석해 보았다.

| 효행을 하는 이유와 항목

효행을 하는 이유는 효행의 동기와 같은 것으로, 효행자로 하여금 효를 하도록 만드는 심리적 충동과 의지를 뜻한다. 부모에게 효도하려는 열망은 개인이 지닌 신념이나 가치관에 의해서 이루어지는 것이다. 이러한 의지와 신념은 효의 실천행동으로 이어질 수 있다. 이 장에서 소개하는 효행자는 효를 하려는 의지를 가지고 효를 모범적으로 실천에 옮겨 효행상을 받은 사람들이다. 효행 이유를 분석함으로써 효가 의도하는 바를 파악하고, 이를 바탕으로 효가 무엇을 의미하는가를 분석할 수 있다고 본다. 그러므로 효를 하고자 하는 의지는 효를 연구하는 데 있어 기본적인 자료가 된다.

효행자들로부터는 10가지의 효행 이유를 발견하였고 일반인으로부터는 이 외에 3가지 이유를 더 찾아냈다. 다음은 두 집단에서 알아낸 총 13가지의 효행 이유와 각각의 이유를 가리키는 세부 사항들이다.

〈효행을 하는 이유와 세부 항목〉

(1) 부모를 존경함

① 부모에게 각별한 경의를 표하며 공손하게 대함
② 부모를 마음과 행동으로 보살핌
③ 부모의 말을 따르고 우선적으로 대접함

(2) 부모에 대한 책임을 가짐

① 자녀로서의 마땅한 의무를 수행함
② 부친이 사망한 후 어머니를 잘 모심
③ 부모부양을 위해 결혼을 늦추거나 직장을 쉼

(3) 부모를 <u>희생적으로</u> 보살핌

① 자신의 안락을 돌보지 않고 부모부양에 헌신함
② 노동으로 번 돈으로 부모의 의료비를 지불하고 가족을 부양함
③ 와병 중인 부모를 간병하면서 신체장애인 배우자를 보살핌

(4) 부모를 <u>동정함</u>

① 부모를 보다 더 잘 섬기지 못함을 뉘우침
② 허약하거나 신체장애를 가진 부모를 가엾게 여김
③ 부모가 늙어감을 가엾게 여김

(5) 부모에 대한 <u>애정을 표함</u>

① 부모에 대해 친밀하고 따뜻한 심정을 가짐
② 부모와 언제나 가까이하면서 시간을 함께 보냄
③ 부모와 자녀가 서로 의존하면서 편의를 보아 줌

(6) <u>가족을 화합시킴</u>

① 부모를 중심으로 통합된 가족을 이룸
② 부모와 가족원들 간의 대화와 상호 교환을 촉진함
③ 형제와 친족을 지원함

(7) 하지 못한 일을 부모에게 효도함으로써 보상함

① 친정부모를 부양 못 함을 보상하려고 시부모를 잘 모심
② 죽은 배우자를 잘 섬기지 못함을 보상하려고 시부모를 잘 모심
③ 다른 가족원에게 잘해 주지 못한 것을 보상하기 위해 부모를
   잘 섬김

(8) <u>은혜를 갚음</u>

① 부모의 소원을 성취함
② 부모를 물질로써 즐겁게 해 드림
③ 부모를 정서적으로 즐겁게 해 드림

(9) 부모봉양에 관한 <u>종교적 가르침을 따름</u>

① 유교의 가르침을 따름
② 불교의 가르침을 따름
③ 기독교의 가르침을 따름

(10) <u>지역사회의</u> 화합을 도모함

① 이웃 노인들을 위해 모금을 하거나 서비스를 제공함
② 청소년에게 노인과 조화된 관계를 갖도록 교육함
③ 자연환경을 보존하거나 교통안전을 증진함

(11) 가족 체면을 유지함

① 부모나 가족을 욕되게 하지 않음
② 부모생일과 가족행사에 이웃을 초대해서 대접함
③ 사당이나 조상의 묘를 수리하거나 단장함

(12) 가족의 영속을 도모함

① 가족의 영속을 염두에 두고 부모를 모시고, 조상을 숭배함
② 부모의 명예를 높이고 가족의 사회적 지위를 지킴
③ 전쟁 / 천재지변으로 분산된 가족을 다시 모음

(13) 재산을 상속하기 때문에 함

① 부모의 재산을 상속하기 때문에 함
② 물질적 지원에 대한 보상으로 효를 함

| 효행자가 효행을 한 이유

표 1에서 주된 효행 이유로 고른 10가지에 대한 등위(이유를 '지적한 빈도'에 따른 등위와 이유의 '중요성 점수'에 따른 등위)를 비교해 보았다. 그 결과 빈도에 따라 정한 등위와 중요성에 따라 정한 등위가 비슷하였다.

종합등위를 보면 부모존경이 제일 우위에 있다(빈도 1위, 중요성 1위). 다음 부모에 대한 자녀의 책임(빈도 2위, 중요성 1위)이 두 번째이고, 세 번째가 가족의 화합(빈도는 4위, 중요성 3위), 네 번째가 부모은혜에 보답(빈도는 3위, 중요성 6위), 다섯 번째는 부모를 위한 희생(빈도 5위, 주요성 7위)이다.

그리고는 이보다 순위가 낮은 부모에 대한 동정, 이웃과의 화합, 가족의 영속, 못다 한 일의 보상, 종교적 교의로 이어진다.

연령, 성별, 교육 등 사회적 속성에 상관없이 효행자들은 높은 정도의 부모를 위한 희생, 책임 및 존경심을 가지고 있었다. 이는 효를 행하려는 의지가 효행자들의 사회적 속성에 상관없이 그들의 마음속 깊이 잠겨 있음을 시사하는 것으로 보인다.

이들 효 항목들은 각별한 효심을 가진 효행자들이 모범적으로 보여 준 효의 진수를 나타낸 것으로 본다. 이들을 종합해서 다음과 같이 말할 수 있다. 즉 "효행자는 부모를 중심으로 화합하여 부모를 존경하며 책임성 있게 부양했다." 이는 우리가 가져야 할 부모에 대한 기본적인 태도와 행동의 방향을 제시해 주는 것으로 볼 수 있다. 이 구절은 효의 이상형(理想型)을 말해 주며, 이 이상형을 실현하기는 쉽지 않지만 우리는 이를 지향해서 노력해 나갈 수가 있는 것이다.

표 1. 효행 이유: 빈도에 따른 등위와 평점에 따른 등위의 비교*:효행자

동기유형	빈도에 따른 등위[1]	평점에 따른 등위[2]	종합
	등위(%) (N=817)	등위(평균) (N=109)	
부모에 대한 존경	1 (100)	1 4.88	1
부모에 대한 책임	2 (85)	1 4.88	2
부모은혜 보답	3 (72)	6 3.46	4
가족의 화합	4 (47)	3 4.46	3
부모를 위한 희생	5 (43)	7 3.29	5
부모에 대한 동정	6 (27)	7 3.29	6
가족의 영속	7 (20)	9 3.90	8
못 다한 일의 보상	8 (11)	10 3.25	9
이웃과의 화합	9 (7)	5 4.18	7
종교적 교의	10 (3)	11 2.62	10

* Spearman 등위계수(Rho) = .82(.001)
(1) 지적빈도에 기초함. (2) 5단위 척도에 의한 평점 가중치의 평균에 기초함.

| 일반인이 효행을 하는 이유

다음으로 효행상을 받지 않은 일반인들이 부모를 부양하는 이유를 알아보기 위해 중산층 성인 자녀 1,227명을 무작위로 추출하여 설문지로 조사했다. 자세한 조사 절차, 자료분석 및 결과에 대해서는 저자의 『현대한국인의 효』(2005)(제6장)를 참고하기 바란다.

이들 일반인 성인 자녀의 77%는 부모와 동거하고 있었고 평균 연령은 34세였으며 직업은 학생, 주부, 소매상, 공무원 등으로 다양했다. 여성이 56%로 남성보다 많았다.

13개 효행 이유들에 대한 평균값에 근거한 순위는 표 2와 같다. 응답자들은 효에 대해 긍정적인 태도를 가졌다. 그리고 일반인들의 성별, 연령 등의 속성이 그들의 마음속에 간직하고 있는 책임감, 은

혜를 갚으려는 심정, 희생하려는 의지 등과 같은 도덕적인 요인에 영향을 미치지 않고 있음이 시사되었다(표 2).

애정은 일반인 응답자들이 가장 많이(88%) "매우 중요하다."(4.70) 고 지적하였고 보은, 존경, 가족 화합에 대해서는 응답자들 대다수 (80%~70%)가 "중요한 편이다(4.39~4.37)."라고 답하였다. 그리고 책임, 보상, 희생은 이보다 낮은 "그저 그렇다."에 가까운 평을 받았다. '재산의 상속'과 '가족체면유지'는 "별로 중요시하지 않음"의 평을 받았다.

자녀의 부모에 대한 책임성이 클수록 부모에 대한 존경이나 희생 의지는 더 강하지만 책임성은 부모에 대한 애정과는 관련되어 있지 않음이 시사되었다.

표 2. 효행 이유의 지적빈도와 중요성 등위: 일반인

효행 이유	지적빈도[1]		중요성[2]		종합등위
항목	등위	크기	등위	평균	
부모에 대한 애정	1	88	1	4.70	1
부모은혜 보답	2	80	2	4.39	2
부모에 대한 존경	3	74	4	4.34	3
가족의 화합	4	70	3	4.37	3
부모에 대한 책임	5	49	5	3.84	5
못다 한 일의 보상	6	43	7	3.67	6
부모를 위한 희생	7	23	6	3.72	6
종교적 교의	8	20	9	2.84	8
가족의 영속	9	14	11	2.81	10
부모에 대한 동정	9	14	9	2.84	9
이웃과의 화합	12	12	8	3.54	10
가족의 체면 유지	12	12	12	2.23	12
부모의 재산 상속	11	13	13	1.60	12

(N = 1,227)

1) 지적빈도의 크기에 기초한 등위
2) 중요성 평균치는 5단위 측도(1 = 전혀 중요치 않음······ 5 = 매우 중요함.)에 기초함.

| 효행자와 일반인의 차이

효행자와 일반인은 같은 한국문화적 맥락에서 부모를 보살피고 부양한 성인 남녀들이다. 그런데 효행자들은 특출한 효행을 하여 정부로부터 상을 받은 사람들이고 일반인들은 그러한 상을 받지 않고 부모를 모신 보통 사람들이다.

효행 이유에 대한 자료를 바탕으로 이들 두 집단 사이의 차이점과 유사점을 비교해 보았다(표 3).

부모를 사랑하기 때문에 부양했다는 항목은 효행자에게서는 표출되지 않았다. 그 이유로서 효행 이야기에는 사랑에 관한 기록이 들어 있지 않았다. 아마도 효행자를 추천한 사람들(대개가 보수적인 성향을 가진 지방의 간부공무원과 지방유지)이 부모에 대한 사랑보다는 다른 효행 이유에 가치를 더 두어 추천서를 작성한 것으로 보인다. 이 사실은 전통적으로 사랑과 애정의 자유로운 표현이 억제되어 온 우리 사회의 단면을 반영하는 것으로 본다. 또 하나의 이유는 효행자들(대다수가 혈연이 없는 며느리들)이 장기간(평균 12년간) 어려운 생활 속에서 애정보다는 오직 책임감과 의무감으로써 시부모를 부양했을 것이기 때문이다.

먼저 효행자의 경우 중요하다고 지적한 빈도에 따라 보면, 존경, 책임, 보은, 가족 화합, 희생의 순서로 나타났다. 이 중에서도 존경, 책임, 보은이 가장 많이 지적되었다.

일반인이 중요하다고 지적한 이유들은 애정, 보은, 존경, 가족 화합, 책임의 순서인데 여러 가지 이유들 중에서 애정, 보은, 존경,

가족 화합이 가장 많이 지적되었다.

여기에서 두 비교집단에서 가장 두드러지게 나타난 이유들을 보면 다음과 같다.

효행자: (1) 존경, (2) 책임, (3) 보은
일반인: (1) 애정, (2) 보은, (3) 존경, (4) 가족 화합

존경과 보은은 두 집단이 공통적으로 중요시하였다. 그리고 효행자는 책임을 들고 있으나 일반인은 책임이 뒤졌으며 효행자에게는 애정항목이 없으나 일반인은 애정을 가장 중요시했다.

다음 효행 이유 항목에 대한 중요성을 평가한 결과를 비교해 보면 효행자의 경우에 중요한 편(3.8점 이상)이라고 평가한 이유들은 존경, 책임, 가족 화합, 이웃 화합, 가족 영속의 5가지인데 이 중 가장 높은 평점(4.5 이상)을 받은 항목은 존경, 책임, 가족 화합이다.

일반인의 경우는 중요한 편(3.7)의 평점을 받은 항목들은 애정, 보은, 가족 화합, 존경, 책임인데 가장 중요함의 평점(4.50 이상)을 받은 항목은 애정뿐이다. 이 결과를 간추려 보면 다음과 같다.

효행자: (1) 존경, (2) 책임, (3) 가족 화합
일반인: (1) 애정

앞서 지적빈도에 의한 등위에서는 두 집단 간의 공통된 효행 이유가 발견되었으나 중요성 평점에 의한 등위에서는 양 집단에 공통된 효행 이유는 없고 상이한 효행 이유만이 발견되었다. 즉 효행

자는 존경, 책임, 가족 화합을 표출하였고, 일반인은 오직 애정만을 표출하였다. 따라서 반복되어 나타난 가장 으뜸가는 효행 이유는 다음과 같다.

효행자: (1) 존경, (2) 책임
일반인: (1) 애정

총괄해서 보면 효행자는 존경과 책임을 가장 많이 중요하다고 지적했고 또 가장 높게 그 중요성을 평가하였다. 일반인은 부모에 대한 애정만을 가장 많이 지적하였고 또 가장 높게 그 중요성을 평가했다.

이 총괄적인 자료를 보아서는 효행자가 일반인보다 효의 원리에 더 가까운 태도를 가졌다고 할 수 있다. 일반인의 경우 애정이 가장 중요한 효행 이유이지만 이에 못지않게 중요한 존경과 책임을 낮게 또는 약하게 느끼고 있는 것으로 시사되었다. 노부모를 장기간 부양하는 데 있어 애정만을 가지고는 계속하기가 어렵다. 부모에 대한 애정이 약해도 책임과 존경심이 있으면 그런 어려운 일을 해낼 수 있다고 본다. 노부모는 자기를 존중해 주고 자기에 대해 책임을 져 주는 자녀와 보호자가 필요한 것이다.

그런데 효행자와 일반인의 차이는 역시 정도의 차이다. 지적빈도를 낮추어 보면, 일반인에게서도 애정 이외에 보은, 존경, 가족 화합이 미약하지만 지적은 되었기 때문이다. 그러나 중요성 평점에서는 일반인은 애정 이외의 항목이 강하게 나타나지 않는다.

표 3. 효행 이유의 종합 등위 비교: 효행자 대 일반인

효행 이유	효행자	일반인	최종등위
항목	종합등위	종합등위	
부모에 대한 존경	1	3	2
부모에 대한 애정	–	1	1
부모에 대한 책임	2	5	5
가족의 화합	3	3	3
부모를 위한 희생	5	6	6
부모의 은혜 보답	4	2	3
가족의 영속	8	10	10
부모에 대한 동정	6	9	7
이웃과의 화합	7	10	9
못다 한 일의 보상	9	6	7
종교적 교의	10	8	10
가족의 체면 유지	–	12	12
부모의 재산 상속	–	12	13

지적빈도: 응답자가 판정한 중요성(1 = 매우 중요함…… 5 = 전혀 중요치 않음.)
등위: 지적빈도의 크기에 따른 등위

| 가장 중요한 효행 이유

효는 여러 가지 항목들로 설명될 수 있다는 사실을 발견하였다.
본 조사에서 나타난 가장 많이 지적되고 중요한 효행 이유는 다
음의 여섯 가지이다.

존경	사랑 / 애정
보은	가족 화합
희생	의무 / 책임

효행자들은 존경을 제일 중요하다고 지적하였다. 일반인들은 존경을 세 번째로 중요하다고 지적한 것으로 나타났다. 일반인들은 애정을 제일 중요하다고 보았으나 효행자들은 애정을 지적하지 않았다. 따라서 애정에 대해서는 두 집단들 사이의 비교대상 수치가 없다. 본 조사에서는 이러한 상황을 감안하여 존경을 가장 중요한 항목으로 세웠다.

재산 상속은 가장 중요치 않은 효행 이유로 나타났다. 물질적인 것에 중요성을 부여치 않는 것이다. 이는 응답자들이 가치 지향적이고 규범적인 이유에서 부모를 부양하고 있음을 시사한다.

종합해서 말하면 두 집단들이 가장 중요하다고 본 효행 이유는 위의 6가지이다.

이들 효행 이유를 종합해 보면 "효성스러운 자녀는 가족원들 간의 조화로운 관계 속에서 부모에 대한 존경, 애정, 책임성, 보은의 정을 다하면서 부모를 희생적으로 부양한다." 이들 항목들이 결합되어 효의 이념을 반영하는 것으로 본다.

부모를 부양하는 데 있어 이들 이유 중에서 어느 것을 더 강조하느냐의 문제는 부양자 개개인에 따라 다를 수 있다. 어떤 자녀는 존경과 애정을 강조하고 어떤 이는 책임과 희생을 강조할 수 있다. 또 효행 이유 모두를 다 강조하는 부양자도 있을 것이다. 대부분의 효행 이유들 간에는 상관관계가 있어 어떤 한 가지를 중요시하면 다른 이유도 대동소이하게 중요시하는 경향이 있을 것이다.

일반 한국인들이 부모에 대한 사랑과 애정을 가장 중요한 부모부양 이유로 생각하고 있다는 것은 주목할 사실이다. 전통적으로 한국 문화에서는 애정과 사랑을 자유롭게 표현하는 것이 제한되어 있었다는 사실을 생각할 때 이것은 고무적인 변화라고 할 수 있다. 사랑과 애정은 가족을 통합하는 원동력이 되기 때문에 효를 실천하는 데도 매우 중요하다고 본다.

그러나 사랑이 중요하기는 하지만 가족원들 간에는 사랑 이외에 가족원으로서 가질 책임과 의무가 또 있는 것이다. 병약한 노부모를 부양하는 데는 자녀의 책임이 반영된다고 볼 수 있지만 애정까지 반드시 들어 있다고는 하기 어렵다. 애정이 없어도 부모에 대한 책임과 의무 때문에 어려운 부양을 계속할 수 있는 것이다. 이 결과를 놓고 볼 때 책임성과 애정 사이에는 갈등 관계가 있는 경우가 있는 것이다.

이상적으로는 사랑과 의무감이 결합되어 부모와 가족원을 보살피는 것이다. 참다운 사랑은 상대를 보살피는 행동으로 옮겨지며 상대에 대한 친밀성과 이타적 사명감이 깃들어 있는 것이다.

부모가 자녀에게 가지는 깊고 끝이 없는 애정을 생각할 때 주변의 사정에 따라 부모에 대한 애정이 달라질 수 있다는 것은 우리들의 변덕스러운 심정을 나타내는 것으로서 인간적인 약점이라고도 할 수 있다.

2장

가장 커다란 효행
이유 여섯 가지

이 장에서는 가장 두드러진 효행 이유로 나타난 다음의 6가지 항목들에 대해서 더 자세히 검토해 보고 이들 효행항목들이 한국의 문화적 맥락에서 지니는 뜻을 살펴보고자 한다.

1) 부모에 대한 존경
2) 부모에 대한 애정
3) 부모은혜에 대한 보답
4) 가족의 화합
5) 부모에 대한 책임
6) 부모를 위한 희생

| 부모에 대한 존경

부모를 가족과 사회의 당당한 성원들로서 대접하려면 이분들을 먼저 존중해야 한다. 효는 자녀가 부모를 존중할 때 실행될 수 있는 것이다.

퇴계(退溪)와 율곡(栗谷)은 부모를 '공경'하는 효를 중요시하였다. 앞서 논의한 바와 같이 퇴계는 아랫사람은 윗사람을 공경하고 윗사람은 아랫사람에게 인자하게 대하는 교호적인 부모자녀 간의 도리를 밝힌 것이다. 이분이 말하기를, "효(孝)와 자(慈)의 도(道)는 사람의 천성(天性)에서 나온다. 효와 자는 인간의 선한 행동의 으뜸으로 그 은혜는 지극히 깊으며 그 윤리는 지극히 무거우며 그 정(情)은 절실하다"(채무송, 1985; 윤사순, 2008). 퇴계 철학의 기본인 경(敬)은 사람을 존경함을 의미한다. 경을 가장 실제적으로 실현하는 방법은 부모를 존경하는 것이다.

자녀가 지킬 예절을 설명한 예기(禮記)(상 1)에는 3가지의 조건이 제시되었는데 첫째는 부모를 존경하는 것(尊親)이고, 둘째는 부모나 가족을 욕되게 하지 않는 것(弗辱)이며, 셋째는 부모에게 좋은 음식, 부드러운 의복, 따뜻한 방을 제공하여 마음 편히 보살펴 드리는 것(能養)이다. 이와 같이 가장 먼저 내세운 조건이 부모에 대한 존경이다(존경의 중요한 부분은 다른 사람을 보살피는 것(care)이다. 이에 대해서는 제3권에서 자세히 논의가 된다.).

부모를 부양하는 의무는 불교와 유대, 기독교의 도덕관에도 나타나 있다. 불교에서는 부모의 은혜는 깊고 넓고 무한하며 이를 갚기 위해 부모를 부양하는 일은 사람들이 해야 할 가장 커다란 의무라고 가르치고 있다(부모은중경). 유대 율법은, 부모가 내 앞에 없는 경우에도 존경하는 태도를 가질 것을 요구한다(Cohn‑Sherbok, 2003). 기독교의 성서는 부모존경을 강하게 교시하고 있다. 예: "네 부모를 공경하라 그리하면 너의 하나님 나 여호와가 네게 준 땅에서 네 생명이 길리라"[출애굽기:20:12]; "네 부모를 공경하라 네 이웃을 네 몸과 같이 사랑하라 하신 것이니라"[마태복음:19:19]. 이 구절들은 부모를 존경 이상으로 거의 신격화한 것으로 풀이되고 있다 (Post, 1989).

우리의 동아시아문화에서는 다른 사람을 예의 바르게 대하는 덕목이 강조되고 있다. 이러한 관행에는 사람은 사람을 존중해야 한다는 의미가 함축되어 있다. 그런데 남을 존중하는 행동에는 언제나 겸손하고 양보하는 덕이 깃들어지게 마련이다. 그래서 우리는 인간존중과 인간경애를 지향하는 행동문화의 영향 아래서 살고 있다.

맹자는 이르기를 자기 가족 내에서 존경심으로 어른을 대함으로써 다른 가족의 어른에게도 또한 같은 대접을 하게 되는 것이라고 했다(효경(孝經), 금문개종명의장). 이는 자신의 부모에 대한 존경이 이웃이나 사회의 노인들을 존중하는 것으로 확대되어야 함을 가리킨 것이다.

한국인은 다른 사람을 예의 바르게 대하고 존경하는 덕행을 중요시한다. 노인에게 존댓말을 쓰고 존중하는 태도와 행동을 취하는 것은 우리의 오래된 가치이자 관습이다. 급속한 사회적 변동에도 불구하고 응답자들의 경우 이러한 관습이 크게 손상되지 않고 있는 것으로 보인다.

앞서 지적하였듯이 존경은 보살핌을 동반한다. "존경의 중요한 부분인 보살핌"에 대해서는 제3권에서 집중적으로 다루게 된다. 사람을 존경한다는 것은 그 사람에게 관심을 갖고 그를 값있게 보고 보살피는 행동을 하는 것을 의미한다. 즉 부모의 중요성을 인정하고, 그분의 요청에 정중히 응하고, 관심을 보여 드리고, 필요로 하는 것을 마련해 드리고, 필요할 때는 지원과 보호를 해 드리고, 대접을 해 드리는 것이다. 따라서 존경은 정서적이면서도 행동적이고 실천적인 뜻이 내포되어 있다.

| 부모에 대한 애정

효는 부모와 자녀 사이의 진정한 애정에 바탕을 두고 있다. 사랑을 이루는 핵심적 요인은 다른 사람을 보살피고 동정하는 것이다. 그러므로 사랑은 불교(Teachings of Buddha, 1984)와 유대 – 기독교 윤리에서 덕(德)으로 삼고 있다(Cohn – Sherbok, 2003). 불교의 사랑은 이 세상 모든 살아 있는 것에게 자비와 보살핌을 주는 것이고 기독교적 사랑은 타인의 복지를 위하여 자신을 희생하는 것이며 (Aquinas, 1981) 유대인들은 전통적으로 사랑과 보살핌이라는 가치를 통하여 타인과의 관계를 맺어 왔다(Novick, 1990).

동양의 효이념도 물론 인간의 사랑에서부터 유래된 것이다. 유교의 중심적 교리는 인(仁)에 기초한다. 인은 참다운 사랑을 뜻하며 도덕성의 핵심이고 인간성 그 자체이다. 인을 실천에 옮기는 방법은 가족을 포함한 사람들을 사랑하는 것이다. 그러므로 부모에 대한 애정은 곧 인을 실행하는 첫째요 으뜸가는 것이다.

인은 사람을 위한 보살핌과 연계된다. 맹자는 이르기를 "오늘날 효는 단지 부모에게 먹을 것을 주는 것으로 보는 것 같다. 하지만 개나 말에게도 먹을 것을 주지 않는가. 부모에게 존경심과 애정을 가지고 대하지 않는다면 짐승을 대하는 것과 부모를 대하는 것이 다를 바가 무엇이겠는가?"(논어 위정편). 부모에 대한 존경과 애정의 중요성을 가르치는 말이다.

부모와 성인 자녀 간의 사랑은 서로 주고받는 교호적인 속성을 지닌다. 한편에서 사랑을 베풀면 다른 한편에서도 사랑을 베풀게 된다. 이런 교호적인 관계에서도 부모자녀 관계의 윤리와 도덕성은 유지될 수 있는 것이다.

청소년이 사랑을 중요시한 점은 의미심장하다. 부모에 대한 사랑과 애정을 정직하고 솔직하게 표현한 자료가 우리 사회에서는 드물다. 이런 표현은 오늘의 변화에 따른 표현의 자유와 부모자녀 간의 비권위적 관계의 발전을 반영하며 새로운 시대적 흐름이 가져온 변화라고 본다.

애정은 무엇보다도 가족 성원들을 하나로 묶어 주는 힘이 된다. 특히 자녀와 부모 사이에 강한 애정적 결속이 있으면 부모를 부양하는 데 대한 부담을 적게 느끼게 된다.

그런데 애정과 부모부양에 대해서 좀 더 생각해 볼 필요가 있다. 흔히들 부모자녀 간의 애정을 부모부양을 위한 근본적인 필요조건이라고 강조한다. 하지만 노부모의 복지를 위해서는 변덕스러운 사랑보다도 책임감이 더 중요한 경우가 많다. 갓 시집을 온 며느리는 아직도 시부모에 대한 애정을 갖지 않고 있으나 결혼으로 인한 시부모에 대한 책임 때문에 효행을 하는 경우가 많다. 애정도 중요하나 병약한 부모를 부양하는 데는 가족이 하나의 책임 있는 팀으로 기능하는 것이 중요하다.

| 부모에 대한 책임

부모에 대한 자녀의 책임은 부모를 부양하고 부모의 욕구를 충족시키는 의무를 말한다. 부양이란 타인의 복리를 중요시하며 이를 증진하는 책임을 진다는 뜻이다.

공자는 "부모봉양을 할 수 없이 해서는 안 된다. 아들과 며느리는 부모가 편안하도록 기쁜 마음으로 부양을 해야 한다."고 했다(예기(禮記), 상 1). 이 말은 효를 행할 의무를 성실히 수행하도록 권하는 것이다. 부모부양은 마음에서 우러나는 의무감에서 해야 함을 가르치는 말이다.

자녀의 부모에 대한 애정은 어렵고 지루하게 오랜 시일에 걸쳐 보호부양을 하는 과정에서 줄어들거나 없어질 수 있다. 인간의 정서는 변덕스러워 변할 수가 있기 때문이다. 그러나 부모에 대한 자녀의 의무와 책임은 변할 수가 없다.

책임은 보살핌과 관련된다. 부모를 책임진다는 것은 부모의 복지와 생활을 책임진다는 뜻이다. 어떤 사회에서든 노부모를 책임지는 사람은 배우자, 자녀, 친척이다. 사회복지가 잘되는 나라에서도 노환으로 어려운 상태에 있는 노인은 결국 가족 품으로 돌아가서 보호부양을 받다가 세상을 떠난다.

맹자는 이르기를 "부모가 계시면 자식은 멀리 집을 떠나는 것을 삼가야 한다. 만일 그가 부득이 떠나가고자 한다면 일정한 곳에 가 있어 그 자리로부터 벗어나선 안 된다."라고 하였다(논어(論語), 리인편). 부모에 대한 책임을 다하기 위해 자식은 가능한 한 부모 곁에서 자리를 지키며, 멀리 가는 여행을 삼가고, 여행을 가게 되면 일정한 장소에 자리를 잡고 부모와 연락을 취해야 한다는 뜻이다.

아직도 다수의 노인들은 원하든 않든 간에 결혼한 아들딸과 함께 산다. 특히 허약하고 병이 있는 노인들은 자녀 집에서 보호 부양되는 경우가 많다. 이러한 부모자녀의 동거 현상은 아마도 자녀가 부모에 대한 책임을 지고 있다는 사실을 가장 잘 나타내는 지표라고 본다.

맹자는 이르기를 "불효에는 5가지가 있는데, 그중 세 번째가 재물을 좋아하고, 자기 부모는 잘 봉양하지 않으면서 자기 자식에게는 지나치게 사랑을 베푸는 것"(맹자(孟子), 이루장구 하, 29)이라고 하였다. 한국 사회에서도 이러한 행동이 없지는 않겠지만 우리는 이러한 행동이 온당치 못한 것으로 생각하고 있는 것으로 안다.

부모가 가장 염려하는 것은 자녀의 건강이다(논어, 위정편). 따라서 자신의 건강에 주의하여 부모의 이런 걱정을 떨쳐 버리게 하는 것도 부모에 대한 책임을 수행하는 것이 된다.

부모에 대한 책임은 근년에 들어 가족의 부양기능이 약화됨에 따라 노인복지정책 수립자 사이에 중요한 과제로 등장하였다.

| 가족의 화합

우리는 가족의 화합을 매우 중요시한다. 부모를 중심으로 가족이 통합되어 화목하고 안정된 상태가 유지되기를 원한다.

수 세기 동안 우리 민족은 외침과 내란을 견뎌 내는 동안 단합된 가족체계만을 믿고 살았다. 우리는 흔히 "믿을 수 있는 건 가족밖에 없다."라는 말을 하는데, 이러한 가족 중심적인 성향은 급격한 산업화 과정을 거치면서도 끈질기게 지속되고 있는 것으로 보인다.

원래 사람은 혼자서 자기만의 힘으로 살아갈 수가 없다. 노부모를 부양하는 자녀의 경우도 마찬가지이다. 부모를 옳게 부양하기 위해서는 가족들이 상호 협조하면서 힘과 자원을 합쳐 활용하고 도움을 주고받는 관계를 유지해야 한다.

한국의 문화적 맥락에서는 기본적인 인성(人性)이 개인주의적이지 않고 관계 지향적이고 상호 의존적이다. 그래서 부모와 자녀가 상호 의존하는 상호 관계를 인성발달의 이상적인 조건으로 보고 있다. 이렇게 상호 의존적인 한국인은 친밀하고 응집력 있는 가족 관계를 유지하며 가족원들 각자가 기지고 있는 자원을 동원해서 부모를 지원한다.

흔히 서양 사람들은 한국 가족은 위계적이고 권위주의적인 체계를 가져 그 속의 가족원들은 자유와 자치권이 없이 통제당하고 있다고 비판한다. 그런데 동양가족을 오랫동안 연구한 미국 학자들은 동양가족의 구조는 인간성(humanity)으로 차 있다고 한다. 부모와 자녀 그리고 형제자매 사이에 친근감과 의무감이 차 있어 서로 의지하며 지원하는 화목한 관계가 유지되고 있다는 것이다.

| 부모은혜에 대한 보답

우리의 문화적 맥락에서는 다른 사람으로부터 받은 은혜를 갚는 것을 매우 중요시한다. 받은 은혜에 감사하고 이 은혜를 갚아야 한다는 데 거의 강박감을 가지는 문화 속에서 우리는 살고 있다. 그래서 부모로부터 받은 은혜를 갚는 것은 인간이 갚아야 할 모든 것들 중에서 가장 중요한 도의적인 책임이라고 본다.

유교에서는 보은을 인간관계에 있어 거의 종교와 가까울 정도로 신봉한다. 연장자나 친구로부터 받은 은혜는 반드시 갚아야 하는 것으로 되어 있다. 부모로부터 받은 은혜도 물론 갚아야 하는 은혜 중의 가장 커다란 것이다.

부모는 자녀를 낳아서 어릴 때부터 정신적 및 물질적으로 보살펴 주고 지원해 주고 걱정해 주며 성숙해진 뒤에도 계속 자녀의 안전과 행복을 위해 염려하고 기원한다. 따라서 부모의 자녀를 위한 애정과 희생은 영원한 것이다.

생산 및 양육의 크고 넓고 깊은 부모은혜를 명심보감에는 다음과 같이 표현해 놓았다.

"아버지 나를 낳으시고 어머니 나를 기르시니 슬프도다. 아버지 어머니 나를 위하여 애쓰시고 수고하셨도다. 그 은덕을 갚고자 하는데 그 은혜가 하늘같이 다함이 없어 갚을 바를 알지 못하였도다."(명심보감 明心寶鑑, 효자편).

불교에서도 부모에 대한 효를 인간적 행위의 표정이고 만 가지 선행의 첫째임을 강조하며 부모의 은덕을 깨닫게 하고 있다. 부모은중경에는 다음과 같은 애절한 부모은혜에 대한 말씀이 있다.

"깊고 무거운 부모님의 크신 은혜 베푸신 큰사랑 잠시도 그칠 새 없네. 어머님 연세 백세가 되어도 팔십 된 자식을 항상 걱정하시네. 부모님의 이 사랑 언제 끊어지리이까. 이 목숨 다할 때까지 미치오리"(부모은중경 父母恩重經, 삼세인과경, 제4장)

맹자는 "이 세상의 모든 일 가운데서 부모가 자녀에게 베푸는 봉사만큼 큰 것은 없다."고 했다(논어, 학이편). 부모가 자녀를 위해서 한 노력은 결코 자기의 개인적인 이해를 위한 것이 아니다. 자녀를 위하여 자기들의 안락과 편의에 쓰여야 할 에너지―힘과 자원―와 대가를 바라지 않고 바친다. 즉 자녀의 양육과 성장을 위하여 자기들을 희생한다.

그렇다면, 자녀도 부모가 한 것과 마찬가지로 노약한 부모를 봉양해야만 되지 않겠는가. 고귀한 부모은혜를 효행으로 갚아 나갈 수 있다. 효자는 부모를 위해 개인적인 불편, 고통 및 어려움을 참고 희생한다. 그런데 부모를 위한 희생은 부모로부터 받은 무한하고 깊은 은혜의 다만 일부만이라도 갚으려는 자녀의 노력에 불과하다. 성현의 말씀으로는 그 은혜는 크고 깊어서 갚고 갚아도 갚을 수가 없다.

공자의 유명한 말이지만 몸, 머리 및 피부는 부모로부터 받은 것이므로 이를 더럽히거나 손상해서는 안 된다고 했다. 이 말은 부모의 은혜가 크고 크다는 뜻을 알리는 것이다. 율곡은 "남의 아버지가 된 자는 그의 아들을 사랑할 것이요, 자식 된 자는 그의 부모의 은혜를 망각하는 행위를 해서는 아니 된다고 했다[只孝爲父 當慈爲子 當孝](율곡전서(栗谷全書), 권 27, 擊蒙要訣 서문; 효경, 제1장). 이러한 가르침은 서양의 Aristoteles와 Aquinas가 한 말과 거의 같은 것이다. 이들 서양의 성현은 "자녀가 부모로부터 받은 최고의 선물은 생명 그 자체이다."라고 하였다 (Sidgwick, 1983). 그러므로 자녀는 부모의 은혜에 감사해야만 한다.

철학자 Kant는 부모의 은혜를 성(聖)스럽다고 했다. 그에 의하면, "성인 자녀가 부모로부터 어릴 때 받은 은혜에 감사할 의무는 영원하고 성스러운(heilige) 의무이다. …… 자기가 받은 친절을 모두 갚는다 해도 그 의무로부터 벗어날 수 없다"(Kant, 1964).

부모 은혜에 보답하는 것은 쉬운 일이 아니다. 옛 격언에 "부모는 열 명의 자녀를 보살필 수 있지만 열 명의 자녀는 한 명의 부모를 보살피지 못한다."라는 말이 있다. 많은 자녀들은 부모 은혜를 갚지 못한다.

부처님은 다음과 같은 말을 했다.

"비록 자녀들이 백 년 동안 향기로운 물약으로 부모를 목욕시키고, 완벽한 자녀가 되고, 부모를 위해 왕좌를 얻고, 세상의 모든 호사스러운 것을 부모에게 다 바친다 할지라도, 부모에게 진 은혜의 빚을 갚는다는 것은 불가능하다."(Sung, 2007: 187).

영국의 윤리학자 Hume은 "인간이 저지를 수 있는 모든 죄악 가운데서 가장 무섭고 몰염치한 죄악은 배은망덕이며 그중에서도 부모에 대한 배은망덕은 가장 큰 죄악이라고 하여 부모의 은혜에 보답할 것을 강조하였다(Sidwick, 1983).

우리는 선조부터 받은 은혜에 보답하지 못하게 되면 이를 평생의 한으로 삼는다. 그런데 자녀가 성숙해지고 부모은혜에 보답할 준비가 되었을 때는 부모는 이미 이 세상을 떠나 버린 후일 경우가 많다. 그리하여 부모 사후에라도 그 은혜에 보답하기 위하여 부모의 묘소를 성묘하고 자신의 자녀들에게 선조에 대한 추억을 얘기해 주고 부모와 가까웠던 이웃이나 친척을 초대해서 대접하고 부모의 명의로 된 사회복지/교육 사업을 한다. 이러한 행동은 부모에 대한 보은의 교리를 실행에 옮기려는 자녀들의 인간적 노력이다.

자녀가 부모에게 보답하는 한 예로서 "나는 나의 연로하신 어머님에게 어머니 역할을 해 드리고 있다. 어머님은 사랑과 따뜻한 애정을 필요로 하는데 나는 어머니를 나의 자녀와 같이 보살펴 드리고 있다."라고 병약한 어머니를 부양하는 딸이 말했다. 그래서 보은은 초기에는 자녀가 부모에게 의존하고 후기에는 노부모가 자신들의 자녀에게 의존하는 상호 지원의 주기를 갖는다는 점에서 교호적인 관계라 할 수 있다.

부모에게 효도한다는 것은 부모를 보살피고 부모가 필요로 하는 서비스를 제공하는 것, 즉 사친(事親)—부모를 모신다는 뜻이다(맹자(孟子),離婁章句 上). 예기(禮記)에서는 사친을 부모를 존경하고 부모와 부모가 인도하는 가족을 욕되게 하지 않고 부모에게 좋은 음식, 의복 및 따뜻한 방을 제공해 드려 편히 모시는 것으로 설명했다(大孝尊親 其次不辱 其下能養).

이 교훈은 자녀가 부모에게 행해야 할 원초적인 의무를 규정한 것이다. 부모에게 진 빚은 특별히 크기 때문에 우리는 무엇보다도 먼저 부모를 공경하고 봉양해야 한다.

| 부모를 위한 희생

　부모가 자녀를 양육하기 위해서 기울이는 노력은 결코 그 분들의 개인적인 이득(利得)을 위한 것이 아니다. 부모의 이와 같은 노력은 끊을 수 없는 부모자녀 관계에서 오는 것이다. 부모는 자녀를 위해 자기들의 안락과 편이에 쓰여야 할 에너지의 대가를 생각지 않고 바친다. 즉 자녀의 양육과 성장, 발전을 위하여 자기들을 희생한다.

　하지만 부모를 위한 이러한 희생은 자녀로부터 부모에게로만 가는 일방적인 것은 아니다. 부모로부터 받은 무한하고 깊고 큰 은혜의 일부를 갚으려는 자녀의 노력이다. 맹자는 "이 세상의 모든 일 가운데서 부모가 자녀에게 베푸는 봉사만큼 큰 것은 없다."고 했다 (논어 학이편).

　그렇다면 자녀도 부모와 마찬가지로 늙고 쇠약해진 부모를 봉양하기 위해서 희생해야 되지 않겠는가. 사실 효는 자녀가 개인적 이득을 초월하여 희생적으로 부모를 봉양함을 뜻한다. 오늘날의 희생이란 결코 생명을 바치거나 손가락을 끊어 피를 바치는 식의 비인간적인 행동일 수는 없다. 오히려 자녀가 그들의 시간, 재력, 노력의 일부를 부모봉양을 위해 바치는 것을 의미하는 것이다. 효자는 부모를 위하여 개인적인 불편, 고통 및 어려움을 참고 견디어 낸다.

즉 희생을 감수한다.

부양 과정에서 효행자는 걱정, 부담감, 좌절감, 피로나 어려움을 극복했다. 그들의 부모를 위해 희생하려는 의지는 분명히 이런 어려움을 극복할 만큼 강한 것이었다. 그들은 이 어려움을 극복함으로써 장기간(평균 12년) 효행을 지속했다. 희생은 소득이 낮은 효행자 사이에서 더 명백하게 나타난다. 부유한 효행자들도 효도를 하겠지만 그들의 효행은 가난한 이들의 경우보다 큰 희생이 없이 할 수 있었기 때문에 사회의 칭송을 그만큼 덜 받는 것이다. 따라서 효행자에 대한 사회적 인정이 부여되는 결정적인 요인은 바로 일반인에게서 발견하기 어려운 부모부양을 위한 희생이라고 할 수 있다.

│ 맺는 말

효가 내포하는 윤리는 부모와 자녀 서로에게 도움을 주고받는 호혜(互惠)적인 것이다.

서양의 성현도 부모자녀 관계의 교호성이 중요함을 지적했다. Aquinas(1981)는 부모자녀 간의 상호 교환 조건으로서 감사, 우의, 우정을 들었다. 이 조건은 자녀는 부모에 의해 양육되었고 부모로부터 희생적인 봉사를 받았기 때문에 부모를 위해서 감사하면서 봉사해야 한다는 것이다. 그리고 성숙한 자녀는 노부모에게 자녀의 의무를 다하며 부모는 한편 자녀를 정서적으로 지지하고 친절히

돌보아 주어야 한다는 것이다. 이 말은 곧 퇴계의 상호 존경을 포상한 경(敬)과 같은 뜻이다,

효행을 하는 사람의 성향(性向)은 모방과 교육에 의해서 이루어진다. 부모가 조부모에게 효행을 하는 모습을 본 아동은 자라서 그들의 부모에게도 같은 행동을 하게 되는 것이다.

명심보감 효행편(孝行篇)에 태공이 말하기를 "어버이에게 효도하면 자식도 또한 효도하나니 이 몸이 이미 효도하지 못하였으면 자식이 어찌 효도하리오."라고 했다. 같은 효행편에 기록되기를 "효도하고 순한 사람은 다시 효도하고 순한 자식을 낳을 것이다. 믿지 못할 것 같으면 오직 처마 끝의 물을 보라. 방울방울 떨어지고 떨어져 어긋나게 옮기지 않느니라." 이는 오랜 세월에 걸쳐 인류가 겪은 경험을 바탕으로 인간사회의 인과응보를 설명하는 귀한 말이다.

그렇지만 부모가 해 준 바와 똑같은 행위를 자녀가 부모에게 한다 해도 부모에 대한 감사를 충분히 할 수 없다. 왜냐하면 자녀는 부모의 은혜에 대해서 반응하는 데 불과하기 때문이다. 부모로부터 받은 은혜는 남에게 진 빚과는 다르다. 남에게 진 빚은 갚기만 하면 되지만 부모에게 진 빚은 무슨 행위로도 충분히 갚을 수가 없기 때문이다.

우리가 명심할 것은 영신적으로 우리를 인도하는 기독교와 불교가 유교에서와 같이 부모를 존경하고 공경하는 것을 사람이 지킬 가장 으뜸가는 의무로 규정하고 있다는 사실이다. 즉 유교 - 불교 - 기독교가 다 같이 부모에게 효도할 것을 교시하고 있는 것이다. 그리고 동양 석학들의 부모은혜에 대한 관점과 서양 석학들의 이에 대한 관점 사이에는 거의 차이가 없다. 이와 같이 주요 종교와 동

서양의 현인들은 부모은혜에 감사할 자녀의 의무를 사람이 지킬 가장 중요한 도리라고 명시하고 있다.

이러한 효의 이념은 가족을 중심으로 실현되고 있다. 대다수의 효성스러운 자녀는 부모와 함께 살거나 따로 떨어져 살든 간에 위와 같은 효의 항목들을 실현하고 있다. 이들 가운데는 부모를 모시면서도 이웃과 공동사회의 노인들까지도 공경하고 지원하는 확장된 효를 실천하고 있는 사람들이 많다.

3장

부모와 떨어져 사는
자녀와 효

| 별거하는 자녀와
부모부양

한국인의 가족생활에서 근년에 일어난 가장 커다란 변화라고 하면 부모와 자녀가 먼 거리에 떨어져 사는 사례가 급격히 늘어나 가족생활에 심각한 변화를 가져다 주고 있는 사실이다.

성인 자녀는 직장 때문에, 결혼으로 인하여, 학업 때문에, 장래를 위해서, 은퇴를 해서 혹은 부모와의 갈등 때문에 부모와 떨어져 사는 경우가 점점 늘고 있다. 그리하여 오랫동안 뿌리를 내린 고장을 떠나 가족과 떨어져 산다. 어떤 가족은 노부모를 남겨 두고 온 가족원들이 전국으로 흩어져 살기도 한다. 별거하는 기간도 점점 길어지고 있으며 다수 가족들에게는 떨어져 사는 것이 생활화되고 있다. 그러나 이러한 별거 현상은 부모자녀 간의 정상적인 관계를 유지하고 효를 실천하는 데 크고 작은 지장을 주고 있다.

산업이 발달하고 생활경쟁이 심화됨에 따라 인구이동이 빈번해지고 있다. 농촌 인구의 도시유입, 그리고 경제적 및 문화적 환경의 변화로 인하여 장기간 가족이 세대별로 떨어져 사는 사례가 급격히 늘어났고 앞으로는 더 늘어날 것으로 보인다.

이동하는 인구는 중산층에 많지만 저소득층에서도 직장을 구하려고 도시와 산업장 주변으로 옮기는 경우가 많다. 젊은 세대의 사람들이 이동을 하는 경우가 많지만 부모도 노령이 되면 자녀에게 폐를 끼치기 싫어서, 자기 취미를 찾아, 일거리를 구해서, 신병 치료를 위해, 편한 사생활을 위해 자녀와 떨어져 사는 사례가 늘고 있다. 이제는 우리나라의 모든 가족들의 가족원들 가운데 누군가가 떨어져 살고 있다 해도 과언이 아니다.

이렇게 떨어져 사는 것은 정상적 가족생활에 지장을 초래하는 경우가 많다. 왜냐하면 한 사람의 가족원이 이동을 하면 다른 가족원들이 다 함께 따라가지 못하므로 가족의 상호 관계망과 떨어져 혼자 살게 된다. 별거하면 자연적으로 서로 간의 접촉이 적어지고 친근감과 애정을 나누는 시간이 줄어들고 서로 지원하고 보살피는 기회가 줄게 된다. 즉 지속적이고 안정되며 만족스러운 가족관계를 이루기가 힘든 경우가 많아진다. 특히 노부모를 보살피고 부양하는 데 커다란 어려움이 있게 된다.

가까이 사는 자녀는 멀리 떨어져 사는 자녀에 비해 부모에게 자녀의 도리를 더 잘할 수 있는 것이 사실이다. 즉 부모와 자주 대면하면서 부모가 시급히 필요로 하는 보살핌과 의료적 및 사회적 지원을 더 쉽게 빨리해 드릴 수 있다.

그래서 오늘날 효를 실천하는 데 큰 장애요인이 되는 것이 위와 같은 불편을 초래하는 부모와 자녀가 떨어져 사는 문제라고 하겠다. [떨어져 사는 자녀와 부모부양에 관해서는 제4권에서 심층적으로 논의가 된다.]

멀리 떨어져 별거하는 자녀가 시골에 남아 있는 노부모의 단 하나의 또는 주된 부양자인 경우가 많다. 부모를 모셔야 할 자녀가 떨어져 살게 되면 부모와 가족은 많은 어려움을 겪는다. 이 어려움을 극복하기 위해서 몸부림치는 모습이 흔히 나타나지만 아직도 이 어려움을 제대로 이해하지 못하는 사람들이 많은 것 같다.

그런데 부모와 자녀가 떨어져 산다고 해서 서로의 관계가 단절되는 것은 아니다. 떨어져 있는 지리적 거리의 크기에 상관없이 부모와 자녀가 서로 노력하면 정상적 가족관계를 유지할 수 있다. 우리나라에서는 아직 체계적인 연구 결과가 없지만 외국에서 이루어진 연구에 의하면 부모자녀 간의 친밀성, 애정, 의무감, 이해성은 거리의 길고 짧음에 상관없이 지속될 수 있다. 부모자녀 사이의 친밀한 관계는 서로 얼굴을 맞대는 대면적 접촉이 적어도 유지될 수 있다. 즉 부모와 자녀의 관계는 지리적 별거 때문에 쉽게 변하지가 않는 것이다. 거리는 접촉의 빈도를 줄이기는 하지만 부모자녀 간의 애정과 친밀성은 제거하지 못하는 것 같다.

이 사실은 어릴 때부터 정이 들면 그것이 평생 동안 변하지 않는다는 사실, 특히 부모자녀 관계는 하늘이 정한 천륜(天倫)의 관계이며 인간이 끊을 수 없는 특수한 관계임을 말한다.

경제적 및 사회적 기회를 잡기 위해서 떨어져 사는 자녀는 경우에 따라서 평생 동안 외지에서 살게 된다. 노부모를 남겨 두고 멀리 떨어져 사는 자녀는 정서적 내지 사회적 거리를 극복하기가 쉽지 않다. 먼 곳에서 별거하는 자녀는 부모가 위급할 때 도움을 얻을 만한 사회복지기관을 찾기가 힘들다. 사회복지가 발전된 외국에서도 노약한 부모를 돌보아 줄 기관이나 알맞은 시설은 찾기가 어렵다. 있다 해도 사설 기관과 시설이 제공하는 서비스를 이용하는 데는 다소간의 비용이 든다. 그래서 먼 곳에서 별거하는 자녀는 어떻게 노부모를 도와 드리면 좋을지 걱정하고 고민한다. 서양 사람들과 같이 부모와 독립해서 사는 것이 사회적 가치요 생활 태도로 되어 있으면 모르지만 부모를 모시고 부양하는 것이 전통적 관습이요 미덕으로 되어 있는 우리의 경우에는 이러한 별거생활로 인해 생기는 문제는 아주 심각하고 어려운 경우가 많다.

중요한 문제는 노부모가 혼자 살고 있느냐, 노부부가 함께 살고 있느냐이다. 그 다음에는 성인 형제(부양책임을 나눌 형제들)와 출생 순위(장남 또는 차남)가 대두된다. 또 가까운 데 도움을 받을 수 있는 친척이 있는가, 성인 자녀가 결혼하여 배우자가 있어 유사시에는 도울 수가 있는가도 고려해야 한다.

가장 어려울 때가 부모의 건강이 악화되고, 부모가 은퇴를 하거나 배우자를 잃을 때이다. 이때 별거하는 부모와 자녀는 여러 가지 상황적 변화에 적응해야 한다.

별거하는 자녀는 흔히 죄의식, 역할 갈등(부모에 대한 의무와 처자에 대한 의무 간의), 좌절, 분노, 이러지도 저러지도 못하는 난처한 처지에 빠지게 된다. 또 사람에 따라서는 별거생활의 어려움을 더 절실히 느끼고 더 많은 고통을 당한다.

떨어져 살든 함께 살든 노부모를 책임지는 당사자는 결국 자녀, 배우자, 친척이다.

이러한 어려운 사정이 있기는 하나 떨어져 사는 자녀도 부모를 도와 드릴 수 있다. 그동안 자녀를 많이 가진 부모는 현저히 적어졌다. 그런데 자녀가 단 한 사람밖에 없어도 여러 가지 도움을 제공할 수 있다.

| 거리를 극복하기 위한 노력

멀리 떨어져 별거하는 부모와 자녀가 상호 관계를 유지하기 위해서는 서로 접촉을 해야 한다.

대화와 접촉을 통해서 가족원들은 서로 사랑을 나누고 지원을 하며 가족의 화합과 안정을 도모할 수 있다.

먼 곳에서 따로 사는 자녀는 부모를 직접 맞대면하면서 대화할 수 없기 때문에 전화나 편지를 하거나 때로는 직접 방문을 해서 접촉하는 수밖에 없다. 물론 얼마나 자주 어느 정도 길게, 어떠한 내용으로 전화나 편지를 하느냐 또는 방문을 하느냐에 따라 이러한 노력의 질이 다를 수 있다. 그리고 선물이나 물건을 보내는 방법이 있다. 편지는 상호 작용이 거의 없는 단순한 방법이다.

전화가 제일 많이 사용된다. 별거하는 자녀는 명절, 공휴일, 휴가, 가족의 생일, 결혼식, 졸업식, 장례식 때 가족을 방문하여 부모를 만난다. 편지는 전화요금이 너무 많이 들거나 전화로 하기 어려운 이야기가 있을 때 사용한다. 먼 거리에 떨어져 사는 자녀는 흔히 편지를 사용한다.

1) 정기적인 전화 통화

전화로 정다운 대화를 하고 부모의 생활 사정을 살필 수 있다. 그런데 전화가 가지는 문제점이 있다. 상대를 볼 수 없어 서로 친밀하게 정을 나누는 데 한계가 있고 대화가 어떤 주제에 집중되기 쉽고 흔히 짧게 이야기하고 말기 때문에 상대의 일상생활 전반을 알기 힘들고 게다가 노부모는 경제적 이유로 전화로 오랫동안 이야기하기를 꺼린다.

일정한 기간마다 정기적으로 하는 전화 통화에서는 서로 간의 경험, 그동안에 일어난 일들, 애정의 표현 등에 초점을 둔다. 자녀는 떨어져 사는 부모와 이런 정기적인 전화 통화를 하여 부모의 안녕을 알고 만족한다. 어떤 문제를 해결해야 하거나 중요한 의사결정을 하는 데도 전화 통화를 이용한다. 전화로 문제를 해결 못 하면 부모를 직접 방문하여 대면해서 해결한다. 문제해결을 하는 데는 감정이 작용하며 서로 사이에 갈등이 발생할 수도 있다.

전화로 별거하는 부모자녀는 여러 가지 주제에 관해 이야기를 나눌 수 있다.

예로 가족에 관한 것, 개인적인 일이나 문제, 여행, 건강 문제, 직장이나 직업에 관한 것, 새 소식, 부모를 방문할 계획, 재정에 관한 일, 정치 문제, 물건 구입 등이다. 부모와 여러 가지 주제에 걸쳐 대화하는 자녀는 별거 생활에서 오는 문제를 상당한 정도로 극복할 수 있고 서로의 생활을 더 잘 이해하고 더 많은 정보를 교환하고 더 친밀한 관계를 유지할 수 있다. 어떤 자녀는 별 내용이 없이 의례적으로 전화를 하는데 이런 단조한 통화로써는 서로 깊은 정을 나눌 수 없다.

그러면 얼마나 자주 전화를 해야 하는가?

전화를 자주 한다 해서 반드시 부모와의 친밀성이나 애정이 더 증대하는 것은 아니다. 저자 주변의 부모와 떨어져 사는 성인 자녀들 가운데 반 정도는 일주일에 한 번씩 부모와 대화하는 것 같다. 그리고 전화를 시작하는 측은 반반, 즉 부모가 시작하는 경우가 반이고 자녀가 시작하는 경우가 반 정도이다. 2주일에 한 번이나 한 달에 한 번하는 경우가 반이 되는 것 같다.

거리가 멀면 전화 횟수가 줄고 부모의 건강이 악화되면 전화를 자주하게 되고 전화요금이 많이 나오면 전화 횟수가 줄어든다. 전화 통화의 길이는 서로 간의 습관이나 하루 어느 시간에 하는가, 가족 가운데 누가 병이나 위기에 처했는가에 따라 다르다. 보통은 10분에서 20분 정도 통화한다.

부모자녀가 전화로 대화할 때 가끔 상대방에 대한 오해가 생기거나 대화의 내용이 옳게 전달이 안 되어 실망하고 분노하고 스트레스를 느끼는 수가 있다. 원래 대화에는 애매한 표현이 섞일 수 있으며 듣는 이에 따라 대화 내용에 대한 해석이 다를 수 있다. 부모자녀 사이에 해결되지 않은 문제가 있을 경우에는 대화에 문제가 따른다. 그리고 부모자녀는 서로 비현실적으로 무리한 기대를 하는 수가 흔히 있다. 지나친 기대를 하면 그 기대가 이루어지기 어렵다. 부모나 자녀가 어떤 지원이나 정서적 지지를 호소할 때 이를 충족해 주지 못하면 실망한다. 흔히 부모를 방문할 계획에 대해서는 양편에 기대 차가 생긴다. 부모는 자녀가 곧 방문해 올 것으로 기대하고 자녀는 곧 방문을 할 계획을 세우기가 어려울 경우가 있다. 대화에서 서로의 기대에 사로잡혀 오해를 하는 때가 있다.

또 통화 중에 한편이 대화를 독점하거나 상대방의 말을 경시하는 수가 있다. 대화가 균형 있게 이루어지지 못하는 것이다. 어느 편이나 상대방의 이야기를 주의 깊게 들어주는 것이 장거리 전화를 성공적으로 하는 방법이다. 한쪽이 상대방에게 중요한 정보를 감추고 이야기하지 않는 경우도 있다. 가까이 사는 누이나 형에게는 알려 주고 멀리 사는 부모에게는 알리지 않는 수가 있는 것이다. 이런 짓을 부모가 알게 되면 매우 섭섭히 여긴다. 정보를 감추는 이유는 대개 부모가 걱정을 할까 봐 그러는 것이기도 하다.

자녀들은 부모에게 말하고 싶은 모든 것을 전화로는 할 수 없다.

멀리 떨어져 사는 자녀와 부모는 서로 떨어져 있기 때문에 섭섭하고 불행하다고 느끼지만 이와 같이 전화로 접촉하여 애정을 나누고 정보를 교환하고 가족 관계를 공고히 하며 방문할 계획을 알리고 장래 서로 같이 살 희망을 가질 수 있다.

[전화를 통한 부모자녀 사이의 교환에 대해서는 제4권 제6장에서 자세히 논의한다.]

떨어져 사는 자녀는 부모의 건강을 걱정하지만 먼 거리 때문에 돌보고 보살피는 데 어려움이 있어 무력감을 느낀다. 노령의 부모는 자녀에게 지원을 호소하지만 멀리 떨어져 사는 자녀들이 제공하는 지원은 한계가 따를 수밖에 없다.

다행이 우리나라는 국토가 좁고 교통이 발달하여 부모자녀 간의 거리는 대개의 경우 하루 사이에 방문했다가 돌아올 수 있는 거리이다.

2) 정기적 방문을 통한 접촉

부모를 명절 때나 휴가 때 방문할 수 있고 또 예정 없이 방문할 수도 있다. 대개의 경우 방문은 일정한 거리를 여행하여 도착한 후 며칠 간 머물러 숙식을 하게 되므로 사전에 계획하고 연락을 잘해 놓아야만 서로에게 폐가 되지 않는다.

얼마나 자주 부모를 방문하느냐는 문제는 자녀의 소망과 책임감에 달려 있다. 명절마다 부모를 방문하는 사람들이 반수 이상이 되는 것으로 보인다. 나머지 반은 1년에 한 번 또는 두 번 찾는 정도이다. 부모는 대개 자녀가 자라난 시골에 살고 있기 때문에 고향을 찾는 귀성(歸省)이 곧 부모를 방문하는 것이 된다. 서로 간의 거리, 부모의 건강, 가족에 대한 의무, 근무 조건, 은퇴, 자녀의 결혼 상태, 가업지원, 출생지역 봉사 등 요인에 따라 방문하는 횟수도 달라진다.

먼 거리에 사는 가족을 방문하는 데는 여러 가지 요인들이 작용한다. 자녀의 건강문제는 방문에 지장을 주고 경우에 따라서는 부모를 방문하게 만드는 요인이 되기도 한다. 가족에 대한 책임도 부모를 방문하게 하거나 제한을 주는 경우도 있다. 즉 자녀 자신의 배우자와 아이들에 대한 책임 때문에 시골에 사는 노부모를 자주 방문 못 하는 경우도 가끔 있다. 그리고 근무 조건이나 근무처 사정 때문에 방문을 중단하게 되며 결혼 후 아이가 생기면 방문이 어려워질 수 있고 또 부모에게 아이를 보여 주기 위해서 방문을 하게도 된다.

방문 기간은 상대방의 기대와 주변 사정에 따라 달라진다. 대다수의 부모는 자녀가 방문해 오면 오랫동안 머물기를 원한다. 시골에서 서울에 있는 자녀 집을 방문하는 부모의 경우는 대개 일주일에서 5일간 머물렀다가 돌아가는 것 같다. 방문을 하기 전에 서로 계획을 하고 준비를 하는 것이 좋다. 자녀는 직장 사정을 감안해야 할 것이고 부모는 시골의 농사일, 다른 자녀를 방문하는 계획, 지역사회 활동 등에 차질이 없도록 할 것이다. 요사이는 방문하는 기간을 사전에 서로 조정하지 않으면 흔히 상대방에게 폐가 될 수 있다. 어떤 자녀는 직장이나 부부간의 사정 때문에 부모가 짧은 기간 동안만 머물렀다가 고향에 돌아가기를 원한다. 노부모에게는 까다로운 세상이 된 것이다.

서로 만나면 애정과 즐거움 그리고 행복감을 표현한다. 결혼한 자녀의 경우 친가와 처가가 같은 고장에 있을 때는 양가를 모두 방문해야 할 의무를 가져 스트레스를 느낄 수 있다. 만나면 서로 적응하는 시간을 가져야 한다. 함께 산보를 하거나 오락을 하거나 쇼핑이나 구경을 가거나 바둑을 둘 수 있다. 부모자녀 사이에도 떨어져 사는 동안에 생활 스타일과 활동 수준이 달라지는 수가 있기 때문에 서로 적응하는 데 힘이 드는 경우가 있다. 노인들은 흔히 손자녀들이 여행으로 정기적인 생활 리듬을 잃어 지나친 요구를 하거나 귀찮게 하면 이를 견디어 내기 위하여 애를 쓴다.

그러나 체재하는 동안 부모자녀 간에 정서적인 결합이 이루어지고 애정이 두터워지며 서로 보살피는 관계가 강화되어 상호 의존적인 가족관계가 공고하게 된다. 특히 부모가 자기 자녀인 손자녀와 애정을 나누는 장면을 보고 자녀는 만족한다.

방문이 끝나고 작별할 때는 불안하고 걱정스럽다. 부모의 건강이 나쁠 경우에는 부모의 앞날을 걱정하고 침울한 분위기 속에서 떠나게 된다. 이들은 작별의 슬픔을 다음 방문을 계획함으로써 잊어버리려 한다. 그리고 부모는 그들의 방문을 만족히 여기고 앞으로 더 자주 와서 오래 있다가 가기를 바란다. 아이들은 직장에서나 사회에서 할 일이 많아 자기 집으로 돌아가야 한다고 이해는 하면서도 다음에는 좀 빨리 돌아와 좀 더 많은 시간을 함께 보내기를 노부모는 마음속에서 바란다. 부모와 자녀의 생(生)의 주기(週期)에 따른 변화에 따라 방문 횟수나 기간이 달라진다.

| 부모의 건강과 별거하는 자녀

부모와 멀리 떨어져 사는 자녀는 부모의 건강 문제를 어떻게 다룰 수 있는가? 부모의 건강은 별거하는 자녀가 가장 고민하는 문제이다. 그러나 효성스러운 자녀는 부모를 방문하고 전화를 하고 정서적 및 물질적 지원을 해서 위기를 극복하려고 애를 쓴다. 노부모는 기동이 어려워지기 전에는 대개 독립적으로 생활하며 자녀의 신세를 지지 않으려 한다.

하지만 노년기의 부모는 예고가 없이 심신의 질환을 가질 수가 있다. 부모가 급성 질환에 걸리거나 위독할 경우는 자녀는 긴급히 방문하거나 일정한 기간 동안 방문하여 대처할 수 있다. 그러나 부모가 정신질환을 가지거나 만성질환으로 고생하는 경우에는 더 자주 방문할 필요가 있다. 이럴 경우 자녀는 부모를 떼어 놓고 멀리 사는 데 대해 죄의식과 스트레스, 그리고 무력감과 좌절감을 가진다. 뿐만 아니라 재정 부담이 늘고 직장 생활에 지장이 생기며 부모의 오해와 서운함을 사게 되는 경우가 있다.

어떻든 멀리 사는 자녀는 여러 가지 요인 때문에 흔히 부모에게 충분한 지원을 제공하지 못한다. 거리 그 자체가 자녀의 부양능력을 저하시키는 것이다.

자녀와 부모의 관계는 서로에 대한 친밀성, 염려와 걱정, 의무감, 도와주려는 소원으로 가득 차 있다. 부모도 별거하는 자녀를 지원하는 경우가 많다. 교육비, 주택구입비, 재산 상속, 위로와 격려, 자문과 충고 등을 부모는 자녀와 손자녀에게 제공한다.

떨어져 사는 자녀도 부모에게 물질적 및 정서적 지원을 하려고 애를 쓴다. 돈, 선물, 기차나 비행기 표, 여비, 의료나 주택문제, 가사 처리 등을 보살펴 주는 일을 한다. 그리고 전화와 통신으로 부모가 필요로 하는 정보와 서비스를 찾아 제공한다.

그리고 자녀는 가족 바깥의 사회복지사, 목사 신부, 의사, 정부기관, 가까운 친구 및 친척과 접촉해서 이들로부터 부모를 위한 지원을 받을 수 있다. 뿐만 아니라 부모의 어려움을 이해하고 부모를 동정하고 위안을 하고 힘을 돋워 줄 수 있다. 형제, 친척과 긴밀한 연락을 하면서 부모의 용태를 파악하고 부모를 간병하는 사람에 대한 정보도 확인해 간다. 이렇게 치료와 간병을 받는 부모는 위안을 받으면서 자신감을 갖는다.

이와 같이 부모의 건강 문제와 생의 주기의 변화에 따른 일들(생일, 은퇴, 발병, 입원, 사망 등)이 생길 때 자녀가 지원하는 것은 자연적이고 당연한 의무이다. 이런 의무를 잘 수행하면 그것을 세상 사람들은 효도한다고 말하는 것이다.

우리는 미리부터 부모가 질병으로 고생하는 경우에 대비해서 지원을 할 태세를 갖추어야 한다. 부모의 건강 상태는 초기에서부터 말기에 이르는 단계가 있는데 이런 단계에 따라 대응해야 할 문제가 다르기 때문에 자녀와 가족은 사전에 이에 대한 조치를 취해 놓아야 한다. 그럼으로써 뒤에 오는 충격을 줄일 수 있다.

부모의 병환이 진전되면 사망 전에 흔히 불구가 되는 수가 있다. 신체적으로 장애가 있는 부모를 돕는다는 것은 쉬운 일이 아니다. 때로는 자녀와 가족이 기진맥진해 지쳐 버린다. 심하면 부양을 하는 가족원 자신이 도움이 필요하게 되는 경우가 있다.

부모가 완전 불구가 되어 전문적인 간호와 지속적인 치료가 필요하게 되면 보호부양 능력이 있는 자녀 집으로 옮기거나 적절한 시설과 전문요원을 갖춘 요양원에 입원할 수 있다. 특히 부모가 배우자 없이 혼자 살고 있을 경우에는 이러한 대안을 선택하게 된다.

부모가 종말에 이르면 먼 곳에서 별거하는 자녀는 정신적 및 물질적 어려움을 겪으면서 이웃과 사회의 지원을 갈망하게 된다. 이러한 어려운 전환기에 처해 있는 자녀를 지원하기 위한 각종 서비스를 지속적으로 개발해 나가야 하겠다. 그리고 멀리 떨어져 사는 자녀가 그러한 위기에 처해 있는 부모를 지원할 수 있도록 지원망과 자조집단을 개발해서 특수 지원체계를 갖추어 나가야 하겠다. 지역의 사회복지사가 이런 지원망에 들어 있으면 그 지역에 있는 각종 자원을 조정하고 연결해 주는 역할을 맡아 줄 수 있다. 가족이 자주 만나서 정보를 나누고 책임을 나누고 간병과 치료 그리고 사망에 대비하는 작업을 진행해야 한다. 오늘날 의학은 사망까지의 시간을 많이 연장하여 종말까지 1년 또는 그 이상의 시간이 걸리는 경우가 많다. 이 기간 동안 자녀는 여러 번 여행을 해서 부모를 찾아 돌보고 위와 같은 노력을 계속하게 되는 것이다.

효성스러운 자녀는 멀리 살면서 부모를 희생적으로 책임성 있게 돕는 과정에서 부부간의 불화, 재정 문제, 직장 문제 등 어려움에 부딪친다. 이러한 문제가 심할 때는 외부의 전문적인 서비스를 받아야 한다.

노인시설에 들어가는 것은 그 전에 가능한 모든 방법을 거친 뒤 더 이상 다른 대안이 없을 때 취하는 방법이다. 우리 사회에서는 노인시설에 들어가는 데 대해 아직도 저항이 많다. 자녀는 부모를 시설에 입원시키는 데 대해서 죄의식을 느끼면서 이 때문에 사회적으로 체면이 손상된다고 생각한다. 그러나 지속적인 간호와 치료가 필요한 부모를 전문시설에 위탁하여 회복과 치유를 도모할 수 있고 이렇게 함으로써 자녀는 안도감을 가질 수 있다. 치매증이 있는 부모의 경우 특히 그러하다. 그러나 대개의 경우는 부모의 배우자나 효성스러운 자녀가 부모를 집으로 모셔 동거하면서 헌신적인 부양을 한다.

효의 표현은 태도와 감정의 표현만이 아니라 행동적이어야 한다. 효성스러운 자녀는 그렇지 못한 자녀에 비하여 어려움이 닥친 부모를 지원함에 있어 더 결단력이 있게 구체적인 행동으로 대처한다.

부모가 임종에 가까워지면 간호인과 미리 연락을 취해서 임종에 임하도록 한다. 가장 커다란 효행이 부모가 돌아가실 때 임종하는 것이다. 우리 문화에서는 부모 임종 때 참여하지 못하는 자녀는 죄의식을 느끼고 영원한 한으로 삼는다.

사망한 부모의 장례식은 자녀 평생의 가장 중대하고 엄숙한 행사이다.

이와 같이 효성스러운 자녀는 멀리 떨어져 살면서도 부모를 위하여 정서적 및 물질적 서비스를 제공한다.

| 맺는 말

부모자녀의 별거는 산업화에 겹쳐 서양 문화가 가져다준 풍습이라고 할 수 있다. 서양에서는 자녀가 부모와 독립해서 혼자 힘으로 생활하는 것을 미덕으로 본다. 그래서 멀리 떨어져 사는 자녀는 부모의 간섭을 받지 않으면서 독자적으로 생활하는 데 만족한다.

오늘날 우리 사회에서도 이러한 풍조가 젊은이들 사이에 퍼지고 있다. 그런데 격리된 핵가족 생활방식이 좋다면 어째서 사람들은 별거로 인한 문제들에 대처하지 못하고 있는가? 왜 떨어져 사는 자녀가 부모와의 관계를 이러지도 못하고 저러지도 못해 고심하고 있는가?

많은 젊은이들이 즐긴다는 핵가족들의 다수는 가족의 기본적인 조건인 보호, 지원, 안전을 위협하는 문제들을 해결하는 데 어려움을 겪고 있으며 이에 대처할 방안도 재대로 마련하지 못하고 있다.

지리적 이동과 별거 생활이 경제적 및 사회적 사정 때문에 부득이하다고 하지만 많은 젊은 세대는 이러한 변화로 인한 정서적 및 감정적 문제에 대처하지 못하고 있다. 세대 간의 틈, 개별화, 사회적 격리, 생활태도의 차이, 가족에 대한 태도의 변화 등은 사실 멀리 떨어져 사는 자녀나 가까이 사는 자녀가 다 같이 경험하고 있는 문제들이다.

그래서 별거하는 자녀는 전화를 통한 대화의 기술을 배우고 방문하는 방법을 연구하고 이웃과 지역사회의 자원을 활용하는 방안을 강구해야 하겠다. 통신기술이 계속 발전해 가면 떨어져 살면서 노부모를 보살피는 문제들이 좀 더 쉽게 풀릴 수도 있을 것이다. 일례로 상대방의 영상을 보면서 전화를 하는 장치나 먼 거리에서 장애가 있는 부모의 움직임을 지켜볼 수 있는 장치 같은 것이 보편화되면 사정이 좀 달라질 수 있다.

노부모를 가지면서 별거하는 자녀는 별거로 인해 생기는 여러 가지 문제를 보다 잘 인식해야만 이 문제에 대처할 능력을 기를 수 있다. 즉 별거하면서도 효를 하는 방안을 연구, 개발해 나가야 하겠다.

4장

가족 바깥 자원의 활용

서비스

효는 부모를 보살피고 지원하는 서비스를 말한다. 이런 서비스를 통해 효의 이념이 실현되는 것이다.

제1권에서 소개한 효행자들로부터 서비스를 받은 노부모들은 고령의 허약하거나 병약한 노인들이며 대개가 신체적, 정신적 및 사회, 경제적 문제들을 가졌다. 가장 자주 지적된 이분들의 문제는 마비증, 대소변 실금, 기동력 상실, 배우자 상실, 노인성 정신질환, 시력 장애, 고독감, 빈곤 등이다.

이분들은 모두가 정성어린 보살핌이 필요한 노인들이었다.[3]

효행자들이 부모에게 제공한 서비스의 유형에는 대소변 실금인

---

3) 효도를 받은 부모들은 대다수(65%)가 여성이고, 95%가 59세 이상이며, 3분의 2는 배우자를 잃고 자녀에 의존하고 있었고, 3분의 1은 신체적 및 정신적 질환을 앓거나 기동력을 상실한 노인들이었고, 거의 모두(93%)가 효행자들의 직계가족이었다. 부양된 노부모의 수는 1명이 47%, 2명이 36%, 3명 또는 그 이상이 19%이다. 약 반수가 부모 가운데 한 분(주로 시어머니 48%, 시아버지 34%)에게 효도를 한 셈이다. 이 사실은 남자보다도 여자(며느리)가 부모 봉양에 더 많이 참여했음을 나타낸다.
효행자들의 대다수는 여성이며(67%), 농촌 지역에 거주하며(64%), 50~69세 사이의 성인들(52%)이다. 거의 70%는 기혼자들이고, 30%는 미혼자와 홀로된 사람들이다. 51%가 중학교 이하, 22%가 고등학교, 16%가 대학 교육을 받았다. 효행자들의 생활 정도는 대체로 낮았다. 직업을 보면 가정주부가 다수를 이루고, 농업, 봉급생활자, 노동의 순으로 나뉜다. 이들은 평균 12년간 효를 실천했다.

부모를 보살핀 것부터 부모를 업어서 이동한 것까지 다양하다.

총 29개 유형의 서비스들이 제공되었다(표 4). 이 중에서 가장 빈번히 지적된 서비스들은 다음과 같다.

* 와병 중인 부모를 간병함
* 대소변을 실금한 부모를 도움
* 와병 중인 부모를 위해 식사 시중을 함
* 어려운 중에도 약을 마련해 드림
* 노부모를 모시고 대가족의 생계를 유지함
* 이웃 노인을 보살펴 드림

표 4. 효행자가 부모에게 제공한 서비스

서비스의 유형	지적빈도(%)[1]	등위[2]	서비스대상
와병 중의 부모를 간병해 드림	65.6	1	부모
대소변 실금 부모를 도와 드림	49.5	2	부모
식사 시중	45.7	3	부모
약을 마련해 드림	44.7	4	부모
대가족 부양	44.7	4	가족
이웃 노인을 보살펴 드림	37.7	6	이웃
자녀를 교육시킴	23.1	7	가족
세탁을 해 드림	23.0	8	부모
목욕 시중을 해 드림	22.0	9	부모
양로원을 방문해 드림	13.9	10	이웃
침실을 정리해 드림	12.5	11	부모
지역사회에 봉사함	10.6	12	이웃
말상대가 되어 드림	10.3	13	부모
시동생을 교육시킴	10.3	13	가족
와병 중인 남편을 간호함	8.8	15	가족
부모 의견을 존중해 드림	8.4	16	부모
외출 시 동반해 드림	6.2	17	부모
성묘를 함	5.7	18	가족
가족의 장래를 위해 저축함	4.6	19	가족
보행이 어려운 부모를 업고 다님	4.1	20	부모
부모의 소원을 성취시킴	4.1	20	부모
노인학교에 보내 드림	3.7	22	부모

서비스의 유형	지적빈도(%)[1]	등위[2]	서비스대상
안마를 해 드림	3.7	22	부모
잡비를 제공해 드림	3.7	22	부모
친척을 대접함	3.6	25	가족
부모에게 헌혈해 드림	3.3	26	부모
이웃 학생에게 장학금 제공함	3.3	26	이웃
노인학교를 후원함	1.7	28	이웃
이야기책을 읽어 드림	1.3	29	부모

(N=817)

1) 한 가지 이상의 서비스가 제공되었음. 전체 사례 수의 1% 미달 항목들은 제외했음.
2) 백분율의 크기에 따라 등위를 정했음.

효행서비스들을 크게 나누면 와병 중인 부모를 보살피는 서비스, 대
가족을 부양하는 일 및 지역사회 노인들을 위한 서비스로 분류된다.
즉 다음의 3가지 범주로 구분할 수 있다.

1) 부모를 위한 대인적 보살핌(주로 간병과 일상생활을 돕는 데 필요한 서비스들)

병간호를 함, 통변을 도움, 식사 시중을 함, 약을 공급함, 안마를
해 드림, 위독한 부모에게 헌혈을 함, 세탁을 해 드림, 목욕을 시켜
드림, 방을 정리해 드림, 말상대 되어 드림, 책, 신문을 읽어 드림,
외출할 때 동반해 드림, 업어서 이동시켜 드림, 부모의견을 존중함,
부모의 소원을 성취함, 노인학교에 보내 드림(이 중 7가지는 보건
과 관련된 것이고 나머지는 지원적 서비스라고 할 수 있다.).

2) 가족을 위한 지원 서비스

가족을 위한 서비스는 5가지 유형으로 구분된다. 대가족 부양, 자녀와 형제자매를 교육시킴, 가족의 장래를 위한 저축, 성묘, 친척 대접

3) 지역사회를 위한 서비스

지역사회를 위한 서비스에도 5가지 유형이 있다.

지역사회 노인을 위한 서비스, 양로원 또는 노인정을 방문함, 노인학교 후원, 불우한 청소년에게 장학금을 제공, 지역사회의 공익사업을 원조

그들이 효행상을 받게 된 이유는 노부모가 필요로 했던 바로 이러한 서비스들을 제공했기 때문이다. 그런데 이 여러 가지 서비스들에는 노부모를 위한 것만이 아니라 배우자, 자녀, 형제자매, 친척, 이웃 및 지역사회를 위한 서비스까지 포함되어 있다. 따라서 효는 가족의 테두리 안에서 가족끼리 보살피고 부양하는 좁은 개념으로부터 이웃 및 지역사회를 위한 서비스로 확대되었다.

| 효행자와 부모와의 관계

효행 서비스는 부모와 자녀 간의 교호적인 관계 속에서 제공된다. 부모는 자녀가 어릴 때 양육하고 자녀는 부모가 늙으면 보살피고 부양하는 것이다. 이와 같이 부모와 자녀들 사이에는 생의 주기를 통해 보살핌과 도움을 교환하는 것이다.

그런데 부모는 늙어서도 자녀에게 도움을 준다. 노부모가 주는 도움은 아이 돌보기, 집안일 돕기, 정보 제공, 충고 및 위로해 주는 것, 사기를 복도와 주는 것, 재정적 도움을 주는 것 등이다. 다수의 효행자들과 노부모들은 이와 같이 여러 가지의 도움을 서로 주고받으면서 교호적인 관계를 유지한다.

이 밖에도 중간 세대로부터 상하로 흐르는 도움이 있다. 즉 성인 자녀가 위로는 노부모를 부양하고 아래로는 어린 자녀와 형제자매를 돕는 것이다. 이는 곧 효의 바람직한 실천이다. 주기도 하고 받기도 하는 효의 기본 형태이다.

한편 효행자의 배우자들(아내와 남편)은 효행자에게 협동적이고 동정적이었다.

| 광범위한 효행서비스

효의 이념은 구체적인 보살핌과 서비스를 부모에게 제공함으로써 실현될 수 있는 것이다. 오늘날 한국인들이 직면하고 있는 심각한 과제들 중의 하나가 바로 노부모를 위한 보살핌 및 서비스를 제공하는 역할을 재정립하는 것이다.

효행자들이 부양한 부모들은 거의 모두가 한 가지 이상의 신체적 질환을 갖고 있었다. 이 노부모들은 매우 천한 일에서부터 심리적인 대인관계를 돕는 일에 이르기까지 다양한 도움이 필요했다. 따라서 효행자들은 노부모들에게 이러한 다양한 유형의 서비스를 제공하였다. 이 서비스들은 효도를 하려는 그들의 의지가 효의 행동으로 실천된 것이다. 이 서비스들은 다음의 세 가지로 유형으로 묶어 볼 수 있다.

(1) 개인적 보살핌 및 서비스

(2) 가족을 위한 지원

(3) 이웃을 위한 서비스

서비스 가운데는 부모를 간병하는 일부터 거동을 못 하는 부모를 등에 업고 다니는 일에 이르기까지 여러 가지가 있다.

위의 개인적 보살핌 및 서비스는 다음의 3가지 단계로 다시 분류할 수 있다.

"제1차적 서비스": 집안일 돕기(방안정리, 세탁 등), 개인적 보살핌(식사 시중, 목욕시키는 일, 대소변 돕기 등), 주택제공(성인 자녀와 동거하는 것), 가정 의료(간호, 의약품 제공 등).

"제2차적 서비스": 교통제공(외출 시 동반, 등에 업고 다니는 것 등), 심리적 지지(존경, 부모의 소원 성취 등), 용돈 제공, 보호, 사회활동 참여 기회 마련(주로 가족 성원들과 함께).

"제3차적 서비스": 책 읽어 주기, 대화 상대가 되는 것, 교육의 기회를 마련해 주는 것.

오랜 세월에 걸쳐 효행자들은 부모부양을 하면서 위에 열거한 서비스 이외에도 여러 가지 유형의 지원을 노부모에게 제공했을 것으로 본다.

그런데 개인적 보살핌과 서비스는 주로 여성 효행자들(며느리, 아내 또는 딸)이 제공하였다. 효행자들의 3분의 2가 여성이다. 이 사실은 곧 여성의 커다란 역할을 지적하는 것이다. 여성이 부모를 위한 서비스의 주요 원천이 되고 있다. 아들은 대개 정서적 및 재정적 지원을 하며 부모를 가족 밖의 자원과 연결하는 역할을 했다. 그래서 아들은 손끝으로 실제적 도움을 부모에게 주는 경우가 드물었다. 소위 남녀 성별에 따른 상이한 문화적 관습을 나타내는 것이다. 그러나 앞으로 여성이 노부모부양을 위한 역할을 과연 얼마나 더 해 나갈 수 있을지 염려하는 소리가 커지고 있다. 적어도 두 가지의 인구학적 변동이 이러한 우려를 자아내고 있다. 하나는 노부모와 별거하는 핵가족 수가 증가하는 것이고 다른 하나는 부모부양을 제대로 하기 어려운 직장 여성의 수가 증가하고 있는 것이다. 이러한 변동으로 보아 앞으로 아들이 혹은 전체 가족원들이 노부모부양, 즉 효행을 위한 더 많은 책임을 분담하지 않을 수가 없을 것이다.

효행자들이 가족 전체를 위해서 생계유지, 형제자매의 교육, 조상의 묘 참배, 친척의 상호 부조 및 가족의 장래를 위한 저축을 했다. 이와 같이 가족 지원은 여러 세대(자녀, 형제자매, 부모, 조상)에 걸쳐 제공되었다. 효행에 관한 기록은 거의 모든 효행자들이 부모뿐만 아니라 다른 가족원들에게도 모범적으로 지원을 제공했음을 강조하고 있다.

또한 이웃과 지역사회의 노인들과 청소년에게도 봉사를 했다. 사실 한국인들은 지역사회를 위한 복지활동을 조직하고 운영해 온 오랜 전통을 가지고 있다. 예로 지난날의 향약과 최근의 새마을운동을 들 수 있다.

따라서 효행의 범위는 예상했던 것보다 훨씬 광범위하다. 가족 중심적으로 부모만을 위하는 좁은 효의 개념은 이웃 및 지역사회 지향적인 실천으로 연장되는 것이다. 즉 가족적 차원에서 사회적 차원으로 확대되었다.

효행자들은 서비스를 제공하는 긴 과정에서 근심, 부담감, 좌절, 피곤, 사회적 격리, 구속감, 부모의 무능력 상태를 다루는 어려움, 다른 식구들에 대한 의무의 소홀 등의 문제들을 극복했다. 아울러 신체적 장애가 있는 노부모를 섬긴 효행자들은 심한 체력 소모, 긴 시간 사용, 끊임없는 부양으로 인한 정서적 및 육체적 소진, 부모를 위한 책임과 다른 가족을 위한 책임 간의 갈등, 자신의 부양역할을 제대로 수행 못하는 데 대한 죄책감 등의 문제까지도 극복해야 했을 것이다. 특히 여성 효행자, 즉 며느리의 경우, 혈연관계가 없이 결혼으로 인해 맺은 인연으로 힘든 부양을 하면서 겪는 긴장과 스트레스는 엄청났을 것으로 본다. 그러나 분명한 점은 이들은 책임감이 매우 강하여 이러한 어려움을 희생적으로 겪어 낸 것이다.

효도 서비스를 하고 받는 보상은 심리적인 것이다. 인상이 깊은 것은 효행이 가족의 화합을 이룩하는 결과를 가져왔다는 사실이다. 그들은 또한 사회로부터 인정을 받았고 특히 효도하는 것을 본 그들의 자녀로부터 효도를 받았다. 여기에서 어린이를 위한 사회화 및 교육의 중요성이 시사되었다.

조사대상인 대다수의 노부모들은 자녀들과 동거하고 있어 물리적
으로나 정서적으로 격리되지 않는다. 이러한 생활양식을 성인 자녀
는 불편한 점(협소한 주택 공간, 성원들 간의 갈등, 사생활의 결여
등)이 있기는 했겠지만 의무적으로 받아들이는 것이다. 말할 것도 없
이 동거는 노약한 부모의 보호부양을 위해 유리한 주거 형태이다.

효행자들은 부모를 부양하는 과정에서 부모, 다른 가족성원, 친
척, 이웃 및 지역사회 성원들과 일련의 복잡한 지원관계의 망을 이
루고 있었다.

▎ 가족 바깥의 서비스 활용

지금까지의 노인을 위한 사회복지는 노부모를 부양하는 가족에
게 1차적 책임을 지우고, 거기에 필요한 정부의 공적 지원을 최소
한으로 제공하는 정책에 따라 운용되었다. 오늘날 가족들이 서로
떨어져 살고 많은 부부가 직업전선에 나가 일하며 노인의 문제가
다양해진 실정에 비추어 노인부양에 대한 책임을 가족에게만 지도
록 하는 데는 문제가 있다. 따라서 앞으로의 노인복지는 가족, 지
역사회, 국가가 협동하여 상호 보완적 관계를 유지하는 방향으로
운용되어야 하겠다.

병약한 노인을 부양하는 가족(특히 경제적으로 어려운 가족)이
지는 부담과 희생을 어떻게 하면 줄일 수 있는가? 이 문제는 오늘

날 우리 사회의 최대 과제들 가운데 하나이다.

다수 노인들이 자녀와 함께 살면서도 그들이 필요로 하는 도움을 제대로 못 받고 있는 실정이다. 가족 바깥에서 제공되는 여러 가지 서비스가 필요하기 때문이다.

노인들이 고독과 소외를 극복하고, 가족의 문제(생활 위기 등)를 극복하고, 각종 서비스에 대한 정보를 얻도록 하는 지원은 필수적이다.

보다 구체적인 지원으로는 노인을 위한 가정방문 서비스, 가사서비스, 탁노서비스, 사회적 지원서비스, 재정 지원, 가정보건서비스, 건강교육, 혼자 사는 노인을 위한 서비스, 직업 알선, 노인의 특성에 맞는 자원봉사 서비스 알선, 부양자를 위한 상담 및 교육, 서비스에 대한 정보제공, 서비스와 연결해 주는 일 등이 있다.

앞으로 가족이 오랫동안 부모를 부양하도록 돕기 위해서는 가족에게 이러한 서비스들을 제공해 주어야 한다. 노인에게 제공되는 서비스는 자연적으로 가족 전체를 위한 서비스가 된다.

오늘날의 효성스러운 자녀는 가족의 힘이 모자랄 경우 이러한 바깥의 서비스들을 물색해서 활용할 줄 알아야 한다. 이들 서비스에 관한 정보를 가지면 비교적 적은 경비로 경우에 따라서 무료로 서비스를 받을 수가 있다.

그래서 노인을 모시는 가족은 유사시에 대비해서 지역 내에서 현재 제공되고 있는 서비스의 종류, 수혜자격, 서비스 활용가능성, 서비스 요원들의 전문성 및 경험, 시설의 적합성, 서비스 기술, 기관의 위치, 서비스 제공 시간을 파악해 놓아야 한다.

이제껏 사회복지 서비스를 이용하는 노인들의 수는 매우 적었다.

이렇게 서비스 이용도가 낮은 데에는 서비스의 질과 전달방식에 문제가 있을 수 있다.

우리는 노인을 위한 서비스를 개발하여 새로운 시대적 사명을 수행해야 한다. 이를 위해 노인을 위한 가족 바깥의 서비스를 확장해 가면서 우리의 가족과 사회를 통합해 온 값진 효를 바탕으로 하는 문화적 전통을 발전적으로 유지해 나가야 하겠다.

5장

효행의 유형(Ⅰ 7

[동거형]

부모와 자녀가 함께 사는, 즉 동거하는 주거 형태는 여러 가지가 있다. 새 시대에는 부모의 개념과 실상이 확대되어 장인장모와 양부모도 포함되는 방향으로 변하고 있다. 그래서 성인 자녀들 중에는 친부모, 처부모 및 양부모를 위한 확대된 효를 행하는 사람들이 많아질 것이다. 이와 같이 소수 자녀에게 부가될 부양부담은 늘어만 갈 것으로 보인다.

여러 가지 동거형태들에 대해서 모두 논의하기는 어렵다. 우리가 흔히 볼 수 있는 형태를 들어 논의하고자 한다.

이 장에서 소개하는 사례들은 부모와 자녀가 같은 집에서 함께 사는 '동거형'에 속한다. 부모와 자녀가 동거하는 것은 한국인의 전통적인 생활양식이요 관습이다. 이러한 동거 형태를 극심한 사회 변화에도 불구하고 다수 가족들이 유지하고 있다는 사실은 우리의 문화적 전통의 끈질김을 나타내는 증거라고 하겠다. 이 동거 형태는 허약하고 보살핌이 필요한 노령의 부모의 입장에서 볼 때 필요한 주거 형태라고 할 수 있다.

우리 사회에서 그동안 산업화와 도시화가 상당히 진행이 되었음에도 동거하는 가족 수가 전국 가족 수의 약 반이 된다는 것은 놀라운 사실이다. 이와 같은 현상을 '문화적 지연' 또는 '문화적 저항'이라는 말로 표현하기도 한다. 즉 사회가 변해도 전통적인 관행은 여전히 지속되고 있음을 말해 주는 것이다.

동거형의 장점 가운데는 적어도 다음과 같은 것이 있다.

* 가족 성원들이 가지는 각자의 힘(경제적, 지식적, 기술적, 경험적)과 자원을 모아서 서로 얼굴을 맞대고 보살피고 도울 수 있음.

* 서로 협동, 공생, 공조할 수 있음.

* 서로 어려움을 해소하고 이웃과 사회에 폐를 끼치지 않을 수 있음.

그러나 별거를 하느냐 동거를 하느냐 하는 문제는 가족의 경제형편, 직장의 사정, 자녀교유, 가족원들 사이의 관계 등에 따라 좌우될 수 있다.

별거를 하면 부모와 자녀 간에 접촉하는 기회, 대화하는 기회 그리고 서로 보살피고 도와주는 기회가 줄어들 수 있다. 특히 서로 애정, 격려, 위로 등 정서저 도움을 주고받는 기회가 준다. 반대로 동거를 하면 이러한 기회를 더 많이 가질 수 있다.

동서양을 막론하고 노환으로 보호자로부터 오랫동안 도움을 필요로 하는 노부모들은 가족과 동거하면서 가족으로부터 보호부양을 받는 경우가 많다. 의존 정도가 적은 건강한 노인들도 자녀와 동거함으로써 노년의 커다란 문제인 고독과 소외를 해소할 수 있다. 그러나 동거형이 만족스러운 결과를 내기 위해서는 자녀의 부모에 대한 태도, 부모와 자녀의 경제력, 주택 사정 등 여러 조건들이 맞아야 한다.

동거형에서 가족의 상호 의존, 상호 지원하는 끈질긴 성격을 엿볼 수 있다. 오늘날 국가와 사회는 고령의 노인들이 가능하면 가족 가까이 또는 가족과 함께 살면서 보살핌과 지원을 받을 수 있기를 바라고 있다.

동거형은 고부갈등, 의사결정문제, 주거문제, 사생활의 불편, 부자유스러운 생활 등 어려움이 따를 수 있다.

1) 동거형(가): (아들 내외 - 부모)(중산층)

[중류 생활을 하는 아들 내외가 부모님을 함께 살면서 모시는 경우]

무역회사를 운영하는 김정수(54세) 씨는 그의 아내 정씨와 두 아들을 키우면서 연로하신 아버님(78세)과 어머님(76세)을 같은 집에 모시고 살고 있다.

김씨의 아버님은 초등학교 교사로 평생을 봉직하신 분으로 은퇴하신 후 비교적 건강히 생활하고 계시며 그의 어머님도 신경통이 있으시기는 하나 집안일도 돕고 손자녀를 거두는 등 활동을 계속하고 계신다. 노부모님은 전쟁, 경제난, 정치적 혼란이 계속되던 그 어려웠던 세월 동안에 김씨와 그의 누이동생의 뒷바라지를 위해 한평생을 바쳐 오셨다. 아들 김씨는 부모님을 생각할 때마다 고마움, 존경심, 친근감으로 가득하고, 부모님이 여생을 안락하게 보내시도록 해야 한다는 의무감이 솟아난다. 한편 김씨는 5년 전부터 이웃의 딱한 노인들을 위해서 봉사활동을 하고 있다.

부모님 두 분의 성품이 비슷하게 내성적이시다. 요즈음 아버님이 친구 분들이 하나둘씩 세상을 떠나고 있어 적적해 하시고 우울해지신 것 같아 김씨는 마음이 무겁다. 몇 년 전만 해도 아버님은 바깥 활동을 약간씩 하셨으나 요즘은 별로 안 하신다. 김씨는 행여 부모님이 불편하신 점은 없나 항상 마음을 쓴다. 회사 성격상 시간에 맞춰 퇴근하기가 어렵지만 저녁 식사를 부모님과 함께 하려고 많은 노력을 기울인다. 식사 때 온 가족이 식탁에 모여 앉아 각자의 일과에 대해서 자유롭게 이야기를 하면 부모님의 그 우울하신 표정이 풀리시는 것 같기 때문이다. 근무 중에도 틈이 나는 대로 집에 전화를 걸어 아내에게 부모님이 어떠신지를 물어보며 마음을 쓴다. 신혼 초에는 김씨의 이러한 행동에 '지나친 행동이 아닌가' 하고 못마땅하게 여겼던 그의 아내도 이제는 남편이 신경 쓰지 못하는 부분까지 스스로 알아서 살필 정도로 부모님에게 자신의 친부모 이상으로 잘해 드리고 있다. 사실 김씨의 아내는 시어머님과 함께 목욕탕이나 찜질방을 자주 가서 서로 담소를 나눈다. 그리고 항상 부모님 지갑에 용돈을 너너히 넣어 드리고, 외출하실 때에는 대개의 경우 목적지까지 모셔다 드린다. 김씨는 출장을 가면 목적지에 도착하는 즉시 부모님이 안심하시도록 전화를 드린다.

김씨는 퇴근할 때 부모님이 좋아하시는 과자, 과일, 음료 그리고 아버님이 즐겨 읽으시는 신문과 잡지를 사서 집에 들어간다. 그는 고생하시며 자식 때문에 희생하신 부모님이 오래 살기를 빈다. 그래서 항상 부모님 건강에 마음이 쓰여 단골 한의원에서 보약을 수시로 지어 드린다. 부모님이 다 같이 소설책을 좋아하셔서 서점에 종종 들러 좋아하실 만한 소설을 고르는 것은 김씨의 취미 활동이 되었다. 하지만 부모님이 노안으로 눈이 침침해 잘 읽지 못하셔서 그는 저녁 식사 후 두 분에게 30분 정도 소설을 읽어 드린다. 김씨와 부모님에게는 이 시간이 무척 소중한 때로 소설 낭독 중간 중간에 부모님과 이런 저런 이야기를 나누면서 말동무가 되어 드린다. 간혹 자신이 늦게 들어갈 경우에는 아내나 아이들이 소설을 읽어 드리도록 한다.

처음에는 귀찮아하던 아이들도 그들의 부모인 김씨 부부가 할아버지와 할머니에게 효도하는 모습을 지켜보며 자기들도 그와 비슷한 태도와 행동을 하기 시작하였다. 또 책을 읽어 드리면서 할머니가 가족의 역사, 세상과 생활에 대한 여러 가지 참고가 되는 이야기들, 그리고 어려움이 있을 때 격려와 위로의 말씀을 해 주시는 것을 좋아하게 되어 이제는 이런 일들이 식구들 모두의 자연스러운 일과가 되었다.

이야기에 나타난 효 내용: 보은, 존경, 애정, 책임, 희생, 가족의 화합 및 영속

2) 동거형(나): (아들 내외 - 부모)(저소득층)

[어렵게 사는 아들이 어머니를 함께 살면서 모시는 경우]

연로하신 어머님(86세)을 모시고 사는 이종길 씨는 동네에서 소문난 효자이다. 그러나 환경미화원(53세)인 이씨 스스로는 효자라

는 칭찬을 들을 때마다 너무나도 당연한 자식의 도리를 한 것으로만 생각한다. 이씨는 아버지를 일찍이 여의었다. 남편이 없이 홀로 자신을 키우느라 온갖 고생을 다하신 어머님이 자기를 위해 바치신 희생적 노력을 생각하면서 항상 경의를 표하며 어머니에게 평생 갚아도 다 못 갚을 빚을 졌다고만 생각한다. 이씨는 그가 받는 박봉으로 2남 1녀의 학비와 여섯 식구의 생계를 꾸려가기가 힘들 터인데도 전혀 어려운 내색을 하지 않고 어머님이 조금이라도 불편해하지 않으시도록 항상 염려하고 노력한다.

이씨는 환경미화원의 작업 시간이 밤 늦게부터 새벽까지라 낮 시간에 집에 있는 경우가 많다. 밤 시간의 작업을 위해서는 낮 시간에 충분히 잠을 자고 쉬어야 하지만 이씨는 낮 시간의 상당 부분을 어머님의 말동무가 되어 드린다. 그런데 몇 달 전부터 어머님이 치매 증상이 약간 보이기 시작하였다. 그런데 말을 자꾸 하도록 하면 잃어버린 기억을 되찾는 데 도움이 된다는 이야기를 들은 후로는 더 많은 시간을 어머님과 이야기하는 데 할애하고 있다. 혼자 외출을 하시면 길을 자주 잃으시는 어머님을 모시고 동네 약수터, 경로당 등으로 운동을 하시도록 함께 산책을 자주 간다. 몇 달 전부터는 가끔 소변을 가리시지 못해 요즘은 기저귀를 사용하는데 이씨 부인이 수고를 한다. 넉넉지 못한 형편으로 어머님에게 병원 치료를 여러 가지로 충분히 해 드리지 못하는 것이 항상 마음에 걸리지만 효과가 있다는 여러 가지 민간요법을 열심히 해 드리고 있다.

남편의 지극한 효성에 처음에는 이해를 못 하던 아내였지만 지금은 이씨의 아내도 시어머니의 목욕을 도맡아 해 드리고 며칠씩 편치 않아 누워 계실 때는 이씨 부인이 성심껏 병구완을 해 드린다. 할머니 냄새가 싫다던 아이들도 이제는 아버지의 효행을 지켜보며 이해하고 할머니가 적적해 하지 않고 소외되지 않도록 신경을 쓴다. 집을 나가거나 들어올 때면 비록 잘 알아보시지 못하지만 할머니 방에 먼저 들러 인사를 드린다. 직장 생활을 막 시작한 첫째 딸은 가끔씩 할머니를 위한 간식을 사 온다.

비록 사람들로부터 효자라는 소리를 듣기는 하지만 이씨는 외아들에다 유복자인 자신을 혼자 어렵게 키우신 어머님에게 경제적으로 풍족하지 못해 여행을 시켜 드리거나 비싼 약을 해 드리지 못하는 것을 마음 아프게 여기고 있다. 남편을 잃고 고생하시며 긴 세월 동안 베푸신 그 막중한 은혜를 다 보상해 드릴 수는 없다고는 생각하지만, 이 씨는 자식 된 도리로서 어머님을 살아 계신 동안은 건강하게 그리고 무엇보다도 마음 편하게 모실 수 있었으면 하는 것을 소원으로 삼고 있다.

이야기에 나타난 효 내용: 희생, 의무감, 애정, 가족 화합, 존경, 가족 영속

3) 동거형(다): (딸 – 부모)

[딸이 어머니를 함께 살면서 모시는 경우]

윤씨 할머니(81세)는 6·25사변 때 남편을 잃고 혼자된 이후 떡행상 등을 하면서 4명의 딸들을 키웠다. 현재는 세 딸들을 출가시

키고 미혼인 둘째 딸과 함께 살고 있다.

이제 50대 초반의 중년 여인이 된 둘째 딸은 주름살 가득한 어머니의 얼굴을 보면서 젊은 나이에 혼자되어 어려운 여건 속에서도 헌신적으로 자신들을 키우신 어머님이 젊으셨을 시절의 고왔던 모습을 생각하며 미안스럽고 마음 아픈 심정을 금하지 못한다. 몇 년 전만 해도 거동에 불편이 없으셨던 어머니가 올 들어 조금씩 힘들어하시는 것을 보게 되어 마음이 너무도 아프다. 독신인 둘째 딸은 어렸을 때부터 네 딸들 중에서 유달리 어머니를 따르면서 친밀한 관계를 유지해 왔다. 엄마와 함께 살 것이라고 입버릇처럼 말해 왔는데, 이런 저런 사정으로 혼기를 놓치고, 본인이 결혼에 관심을 갖지 않아 독신으로 직장을 다니면서 어머님과 함께 살고 있다.

그의 큰언니는 자신이 어머니를 모셔야 한다는 맏이로서의 책임감을 가지고 있었지만 둘째가 자연스레 어머니를 모시게 되자 동생에 대한 미안한 마음을 가지고 있다. 그 대신 최대한 동생과 어머니를 돌보겠다는 마음으로 남편의 동의를 얻어 어머니가 사시는 집과 걸어서 15분 정도인 가까운 곳에 집을 장만하여 거의 매일 동생과 어머니를 만나고 있고 경제적으로도 편안한 생활을 하실 수 있도록 신경을 쓰고 있다.

둘째 딸과 연년생인 셋째 딸은 아들이 없어 어머니가 서운해하시는 것을 보고 자신의 대학 동기 중에서 특히 어머니를 잘 따르고 어머니가 아끼던 친구의 아들을 양아들로 삼아 드렸다. 집이 멀리 있는 편이라 자주 찾아뵙지는 못하지만 명절이나 생신, 기념일이면 잊지 않고 어머니가 가장 좋아하시는 음식과 선물을 가지고 와 어머니를 즐겁게 하고 있다.

막내딸은 가장 애교가 많아 어머니와 제일 많이 이야기를 하는 이야기 상대이다. 결혼해서 지금은 딸 하나와 아들 하나를 둔 주부이지만 자주 어머니에게 전화를 하고, 방문을 하기도 하고, 자신의 집에 어머니를 모셔 가면서 계속 어머니의 좋은 얘기 상대가 되어 드리고 있다.

윤 할머니는 딸들에게 고마워하고 특히 자신을 직접 돌보는 둘째 딸에게는 독신으로 자기를 위해서 희생하는 그가 딱하고 안타까운 마음을 품고 있다. 그저 자신이 딸들에게 지나치게 짐이 되지는 않을까 걱정하지만 자신을 진심으로 아끼고 사랑하는 딸들의 마음을 알기에 마음 편안히 생활하고 있다. 네 딸들은 어머니를 중심으로 서로 친밀한 관계를 유지하고 있어 윤 할머니는 더욱 기쁘다.

이야기에 나타난 효 내용: 애정, 동정, 보은, 가족 화합, 책임, 존경, 희생

4) 동거형(라): (사위 내외 – 처부모)

[처부모를 함께 살면서 모시는 경우]

전남 광주시가 고향인 정기영 씨(47세)는 회사에 취직하면서 서울로 올라와 같은 회사의 김미자 양과 결혼하였다.

정씨 부인 김미자 씨의 오빠는 결혼하여 광주에서 멀리 떨어진 지방에서 살고 있어 부모님을 모시지 못하고 있는데 그동안 부모

님과 함께 살면서 모시던 누이동생이 결혼하게 되자 연로하신 부모님을 모시는 것이 커다란 문제가 되었다.

한편 남편인 정씨의 부모님은 그의 큰형과 함께 고향에서 편안히 살고 계신다. 그는 결혼하면서 집을 무리하게 따로 얻어 분가하느니 처가댁에 들어가서 부양자가 없는 처부모님을 부양해 드리면서 사는 것이 도의적으로나 자기의 현재 형편으로나 알맞은 선택이라고 판단하고 처부모님을 모시고 함께 살기로 결정하였다. 아내도 매우 좋아하고 처부모님도 다행으로 여기셨다. 주변에서 처가살이한다고 놀리는 사람들도 있지만, 만년의 두 노인이 따로 지내시게 되어도 어차피 찾아뵙고 보살펴 드려야 할 분들인데 자신의 선택이 현명했다고 생각하였다. 무엇보다 아내가 따로 살면서 불편하게 왔다 갔다 하는 것보다는 훨씬 좋고, 아내도 직장 생활을 해야 하는데 처부모님이 건강하셔서 가사도 일부 맡아 주실 수 있을 것 같았다.

처음에는 집에 와도 편히 쉬기가 불편하고 신경이 쓰이기도 하였다. 장모님하고는 이미 전부터 정이 들었지만, 장인하고 정이 드는 데는 좀 시간이 들었다. 시간이 지나면서 장인과 서로 존중하는 가운데서 정이 들게 되었다. 장인은 귀중한 경험담과 생활 지식을 전해 주시며 회사 일로 실망과 좌절에 빠지노라면 격려와 위안의 말씀으로 힘을 돋우어 주신다. 처부모님은 아들 하나 더 얻은 양 좋아하시며 젊은이의 마음을 아시는지라 휴일이면 나가서 바람 쐬고 오라고 밀어 내시고 사위 음식 챙기는 데 매우 많은 신경을 쓰시고 벌써부터 외손자 기를 채비를 하시며 아내와 함께 출산용품을 준비하고 계신다.

정씨는 멀리 계신 자신의 부모님을 제대로 모시지 못하는 마음을 처부모님을 모시면서 풀고 고향에 계신 부모님도 어른들 잘 모시라고 격려해 주시곤 해서 더 잘하려고 노력한다. 정씨의 아내는 시골에 계시는 정씨 아버님, 즉 시아버님에게 용돈, 의복, 약품 등을 수시로 보내 드리면서 정씨가 자기 친정 부모에게 하는 효에 비등한 효를 하려고 애쓴다. 저녁에 퇴근하는 대로 문안을 드리고 어려운 일이 있으면 상의도 드리며 주말에는 장인이 좋아하는 바둑도 두어 드리고 가끔씩이라도 자동차로 야외로 모시고 나가 식사를 대접해 드린다. 처음에는 처부모를 의무감과 존경심으로 모셨으나 날이 감에 따라 이분들에 대한 애정이 두터워지고 이 분들을 중심으로 가족의 화합을 이르게 되었다.

이야기에 나타난 효 내용: 의무, 보상, 가족 화합, 애정

5) 동거형(마): (양아들 내외 - 양어머니)

[양아들 내외가 양어머니를 모시고 한집에서 같이 사는 경우]

전매청에서 회계직을 맡고 있는 정시현 씨(38세)는 그의 아내 장씨 사이에 남매를 두고 있으며 양어머니이신 김씨(77세)를 모시고 단란하게 살고 있다. 김씨의 친아버님은 15년 전에 돌아가셨고 친어머님도 11년 전에 세상을 떠나셨다. 김씨는 정씨의 어머님과 친한 친구였던 분이다. 두 분은 같은 마을에서 초등학교와 중학교를 다녔고, 친정 집안들도 서로 교류가 있었던 사이였다. 남부럽지 않

게 결혼 생활을 하면서 정씨 부모님은 남매를, 양어머님은 딸 하나를 두셨다. 그러다가 양어머님은 남편이 암으로 13년 전에 별세하셨고 딸도 독일에 가서 간호사로 일하다가 국제결혼을 하여 그곳에서 독일인과 살고 있다.

김씨 아주머니는 타국에 가서 사는 딸을 항상 못 잊어 하시면서 혼자 살고 계셨다. 정씨는 어머님이 돌아가시기 전에 김씨를 어머니 같이 대접하라는 유언을 하셨고 또 김씨와 그동안 정이 들어 서로 어머니와 아들로 지낸지가 여러 해 되었다. 그동안 양어머님은 정씨의 결혼, 취직 그리고 정씨 남매의 탄생을 비롯한 크고 작은 집안일들이 있을 때면 언제나 어머니 역할을 해 주셨다. 가정 일과 직장 일에 관심을 보이시면서 충고와 자문을 주시고 위로와 격려를 해 주셨다. 그리고 정씨는 김씨를 자기 친어머니와 같이 친근하게 애정과 경의를 표하면서 모셔 오고 있다. 정씨의 부인도 자기 친정의 돌아가신 어머님을 생각하면서 친어머니 같이 모시고 있다.

그러다가 지난 3년 전부터 (양)어머님은 눈이 어두워지기 시작했고 혈압이 높아지면서 당뇨병 증세를 나타내 간호와 보호가 필요하게 되었다. 정씨 내외는 아침저녁으로 양어머니를 찾아가 돌보아 드리다가 하루는 자기들 집으로 오셔서 같이 계시기를 권했으나 김씨는 자기가 평생 살던 집에서 그대로 살겠다고 극구 사양을 하셨다. 그러다가 지난 2년 전부터 자신의 건강이 계속 나빠지자 정씨 집으로 옮겨 아래층 남향 방에서 거처하고 계신다.

정씨는 혹 양어머님의 증세가 악화되어 일이 날 경우에 대비해서 가까운 친척과 상의하여 산소 자리, 수의 등 준비를 조용히 해 두었다. 독일의 딸은 재작년에 남편과 함께 왔다가 정씨 집에서 며칠 머물렀다 갔다. 가끔 편지도 오고 잡비도 보내오지만 양어머님은 그저 멀리 떨어져 사는 딸로 이제는 체념하시고 모든 관심과 정성을 양아들 내외와 손자녀에게 쏟고 계신다. 김씨 내외에게 없어서는 안 될 마음의 안식처 역할을 하시고 손자녀를 거두시며 교육시키는 어머님에 대해 정씨 부부는 고마움과 애정, 존경심 그리고 책임감을 느낀다.

이야기에 나타난 효 내용: 애정, 책임, 보은, 존경, 가족 화합

6장

효행의 유형(II)

[별거형]

이 장에서 소개하는 사례들은 모두가 부모와 자녀가 서로 떨어져 사는 경우로서 세 가지 사례들은 거리가 비교적 가까운 근거리형이고 나머지 세 가지 사례들은 거리가 상당히 먼 원거리형이다. 자녀가 바로 이웃에 사는 경우도 있고 멀리 떨어져 사는 경우, 예로 사우디아라비아 같은 아주 먼 곳에 가서 사는 사례도 있다.

별거 현상이 확산됨에 따라 부모와 자녀가 다 같이 생활 조건의 변동에 적응해야 할 어려운 문제가 발생하고 있다.

공자는 부모와 멀리 떨어져 있지 않아야 하며 부득이 먼 곳에 다녀와야 할 때는 그곳에 도착하는 즉시 일정한 장소를 정하여 부모와 연락을 취하라고 했다. 이 가르침에는 적어도 두 가지 뜻이 들어 있다고 본다. 하나는 부모가 자녀의 안전에 대해 걱정하지 않도록 소식을 전하는 것이고 다른 하나는 부모가 위급할 때에는 즉시 집으로 돌아올 수 있도록 연락할 수 있게 하라는 것이다.

하지만 오늘날에는 공자가 생존하던 2,500여 년 전에는 상상도 못 했을 전화, 이메일, 팩스, 비행기, 철도, 자동차 등 교통통신 수단이 발달되어 있고 더욱이 한국인은 부모에 대한 책임감, 보은의 정, 친밀감이 강하기 때문에 거리로 인한 어려운 문제들이 노력 여하에 따라 상당한 정도가 해소될 수 있다.

떨어져 살면서도 부모자녀 사이의 상호 지원관계는 유지되어야 한다. 다만 떨어져 사는 경우에는 부모를 지원하는 방식이 달라질 수 있다. 예로 전화를 걸고, 편지를 하고, 방문을 하고, 선물과 용돈을 보내는 등의 수단을 통해서 부모와의 애정과 친밀성을 유지하고 부모의 안녕을 걱정하며 지원을 할 수 있다.

별거할 때에는 부모의 건강과 가족의 경제력이 크게 영향을 미친다.

부모의 건강상태나 생활사정이 어려워졌을 때 직장 사정, 재정적 형편 등 부득이한 사정으로 모실 수 없을 경우에는 보호인을 물색해서 부모를 부양하도록 부탁해야 한다. 전화와 이메일을 이용해서 부모를 보살피는 의사, 간호사, 가정방문 봉사자 또는 보호자와 부모에 대한 정확한 정보를 교환하고 친척 또는 가까운 이웃 그리고 이웃과 자원봉사단체와 연락해서 이들의 지원을 받고 가까운 사회복지 단체/사회복지관 같은 봉사기관의 지원도 얻는 등 부모가 거주하는 지역사회에서 구할 수 있는 자원을 최대한으로 활용할 수 있어야 한다. 특히 이들 기관의 사회복지사와 위급 시 취해야 할 일에 대한 의논을 미리 해 둔다. 그리고 부모의 법률적 및 재정적인 사항에 대한 처리도 배려해야 한다. 부모가 도저히 더 이상 따로 생활할 수 없을 때는 가족원들(형제, 자매)과 의논해서 조속한 시일 내에 최선의 방법을 강구한다. 이러한 노력이 진행되는 동안 직장에도 사정을 알리어 휴가를 얻어 부모를 정기적으로 방문하도록 한다.

이와 같이 부모와 별거하는 경우에는 가족원들 사이의 자원은 물론 가족 밖의 자원도 동원해서 대처할 필요가 있다. 가족이 제공할 수 없는 서비스는 가족 바깥의 유료 또는 무료 서비스를 얻어야 한다. 부모가 위태로운 상태에 접어들 때는 전문적인 치료와 서비스를 제공해야 한다. 우리 한국인은 가족의 문제를 외부 사람에게 알리는 일을 매우 꺼리는 습성이 강하지만 오늘날에는 가족의 위기에 대처하기 위해서 가족 외부로부터 정당히 얻을 수 있는 서비스는 적극 활용토록 해야 한다.

1) 별거형(가): (근거리: 옆집)

[자녀들이 떨어져 살면서 부모를 모시는 경우]

고영식 씨 부부(72세, 73세)는 슬하에 아들 넷과 딸 하나를 두고 있다. 평생 농사를 지으면서 자녀를 기른 이들 노부부는 지금도 건강하게 생활하고 있다. 자녀들은 모두 성인이 되어 각각 가정을 이루었고 고씨와 따로 살고 있다. 출가한 지 여러 해 되는 맏딸은 서울에 살며 셋째 아들 가족은 직장 때문에 부산에서 살고 있다. 손자녀도 열이 된다. 나머지 세 아들은 모두가 고씨 집 바로 이웃에서 살고 있다.

세 형제는 자기들의 집들과 부모님의 집 사이의 담에 통로를 마련하여 언제나 필요할 때는 부모님과 자기네 가족들이 서로 내왕할 수 있도록 해 놓았다. 즉 세 아들의 집들이 노부모의 집을 둘러싸고 있는 형상이다.

그러나 고씨 노부부는 독립적으로 일상생활을 해 나가며 식사, 세탁, 집안 살림, 시장 보기 등은 물론 자기들 몫의 농사까지 스스로 짓고 있다.

그 밖의 여러 가지 가족 간의 일들에는 고씨 부부와 아들들 사이에 긴밀한 교환이 진행된다. 생일날, 제삿날, 손자녀의 학교행사 등에는 노부모를 중심으로 대소가의 가족들이 모여 기쁨을 나누며 사고나 병고가 발생하면 고씨 부부를 중심으로 모두가 힘을 합해서 정신적 및 물질적으로 이에 대처한다. 고씨 형제는 번갈아 아침저녁으로 부모님에게 문안을 드리며 손자녀는 더 자주 찾아와 조부모와 함께 시간을 보낸다.

특히 노부모의 건강과 생활상의 어려움에 대해서는 삼형제가 각별한 관심을 가지고 대처해 나간다. 농사철이 되면 세 형제는 부모님을 위해 씨앗, 경작, 비료 등을 도맡아 보아 드리며 추수 때는 함께 곡식을 거두어 드린다. 서울의 딸과 부산의 아들도 세 형제가 부모님을 위해 수고하는 데 감사하면서 수시로 전화로 연락하며 부모님에게 선물과 잡비를 보내오고 조카들에게도 학용품 등 선물을 보낸다.

노부모는 죽을 때까지 자녀에게 부담을 안 주려고 결심하고 있다. 이들은 자녀와 별거하면서도 깊은 애정과 관심을 주고받으면서 화합된 분위기 속에서 살고자 하는 신조를 지키고 있다. 자녀들도 동거하면서 모시는 경우에 못지않게 노부모를 끊임없는 관심과 애정을 가지고 보살펴 드리고 있다. 특히 이들의 부모에 대한 책임감과 보은의 정이 매우 돈독하다. 그리고 부모가 연로하여 더 이상 스스로 생활을 영위 못 하시게 되면 이들 각자는 자기 집으로 모시어 부양하기로 굳게 마음먹고 있다.

이야기에 나타난 효 내용: 책임, 보은, 가족 화합, 애정

2) 별거형(나): (근거리: 이웃)

[아들 내외가 가까운 곳에 떨어져 살면서 부모님을 모시는 경우]

회사원인 김도원 씨(38세)는 노부모와 따로 살고 있는데 그는 부인과 아들딸 남매와 다른 가구를 이루어 살고 있다. 김씨는 차남이고 그의 맏형이 부모님을 모시고 살기로 했었으나 맏며느리와 어머니 사이의 갈등으로 부모님은 맏형에게 분가할 것을 권유하셨고 결국 맏형은 고민 끝에 분가를 하게 되었다. 이때 김씨는 부모님을 모시려고 결심했다. 그러나 부모님은 김씨가 혹 말 못 할 부담을 느낄까 봐서인지 김씨의 집으로 오기를 꺼리셨다. 김씨의 아내도 어머님을 모시는 데 대해서 약간은 부담을 느끼었다. 그리하여 김씨는 그의 형과 의논한 후 부모님에게 두 분이 사실 만한 집을 얻는 것이 어떻겠느냐고 말씀을 드렸더니 부모님도 그것이 좋겠다고 찬성하셨다. 샐러리맨인 김씨가 부모님의 집을 마련하는 데에는 상당한 어려움과 희생이 뒤따랐다. 은행으로부터 대출을 받아 자금을

마련하였는데 빚을 내는 것은 못마땅해하는 부인을 설득해야 했다. 결혼 후 10년 동안 자기 집을 마련하기 위해 고생해 나오면서 작년에 겨우 은행 불입을 마쳤던 터였다. 하지만 그것이 부모님을 가장 편하게 해 드리는 길이라는 생각으로 형제는 김씨의 집 근방의 아담한 전셋집을 얻어 부모님을 모셨다. 그는 이러한 자신의 어려움을 부모님이 아시면 불편해하실까봐 일체 경제적인 어려움에 대해서 내색하지 않았다.

이리하여 부모님은 김씨 집에서 걸어서 20분 정도 되는 가까운 거리에서 생활하시게 되었다. 김씨는 같은 집에서 함께 사시지 않는 보모님이 외롭지나 않으실까 자주 전화 연락을 한다. 적어도 일주일에 한 번은 온 가족이 부모님 집으로 가며 또 회사에서 오는 길에 들르기도 한다. 가족의 생일이나 학교 입학이 있게 되면 부모님은 물론 온 가족이 모여 즐거운 시간을 보낸다. 김씨의 부인도 시부모님을 근거리에서 봉양하는 데 대해서 부담스러워하지 않으며 집을 마련하던 초기에는 재정적인 부담 때문에 약간의 불만이 있었지만 점점 시부모와 가까워지면서 음식이나 의복 등 시부모가 필요로 하실 만한 것들을 가져다 드리거나 시어머니와 함께 장을 보러 가기도 한다. 한편 김씨의 아버님은 김씨의 직장 문제, 자녀교육 문제, 시사 문제에 대하여 자주 전화로 또는 만나서 의논하고 필요할 때는 자문, 격려, 충고를 해 준다. 그의 어머님은 그의 가족에게 음식을 만들어 주시고 5살짜리 막내를 맡아서 돌봐 주시기도 하며 그의 가족이 행사가 있어 외출할 때는 집을 봐 주신다.

"얘야, 우리도 내외만 살고 있어도 너희가 곁에 늘 있다고 생각하니 외롭지가 않구나." 김씨의 부모님이 자주 하시는 말씀이다.

김씨는 맏형과 서로 분담하여 부모님께 생활비를 드린다. 얼마 전에 김씨는 부모님의 해외여행을 위하여 적금을 들었다. 부모님을 못 가 보신 해외에 꼭 보내드리는 것이 김씨의 작은 소원이다. 그리고 형제는 부모님이 지금은 건강하시지만 더 연로해져 간호의 손길이 필요하실 때를 대비하여 구체적인 대안들을 세워 자주 의논하고 있다. 한편 부모님은 김씨가 자신들의 평안을 위해서 여러 모로 마음 쓰는 것을 대견하게 여기면서 아들의 이러한 효행을 이웃 사이에서 자랑거리로 삼고 계신다.

이야기에 나타난 효 내용: 책임, 희생, 가족 화합, 보은, 애정

3) **별거형(다)**: (원거리: 국내)

[국내에서 멀리 떨어져 살면서 부모를 모시는 경우]

증권회사 상무인 한길준 씨(42세)는 고향이 충남 예산으로 그곳에 그의 부모가 농사를 하며 살고 있다. 여동생은 고등학교를 마친 후 출가하여 전주에 산다. 한씨는 결혼비용 때문에 농협에 진 빚을 10년이 지난 이제야 다 갚았다. 그동안 몇 번이고 부모님을 서울로 모시려고 설득해 보았으나 고향을 떠나지 않겠다고 거절하셔서 모실 수가 없었다. 직장생활을 하다 보니 명절 때가 아니면 부모님을 찾아뵙기가 어렵다. 여동생도 집이 전주라 부모님을 찾아뵙기가 역시 어렵다. 자주 찾아뵙지는 못해도 한씨는 늘 고향에 계신 부모님

을 생각한다. 미안하고 죄스러워 무엇인가 해 드리고 싶은 마음이 간절하지만 옆에 계시지 않아 말 시중을 들어 드릴 수도, 즐기시는 음식을 해 드릴 수도 없어 안타깝다.

그나마 전화로 자주 대화할 수 있다는 것이 위안이 된다. 작년에 동생과 의논하여 동생은 효도 전화를 설치해 드리고 한씨는 효도 연금을 들어 드리고 있다. 자녀에게 쉽게 전화를 하실 수 있도록 동생이 매월 부모님의 전화요금을 지불한다. 한씨는 2－3일에 한 번씩 부모님에게 전화를 드려 안부를 여쭤 보지만 시골 부모님의 생활에 대한 세세한 사항까지 확인하기는 힘들다. 이런 역할은 한 씨의 아내가 자청해서 하고 있다. 지난달에는 아버님이 갑자기 심장질환 증세가 있으시다 해서 두 번을 긴급히 시골에 내려가 병원으로 모셔 진단과 치료를 받으시도록 했다. 또 몇 달 전에는 아내가 부모님 집에 온돌이 제대로 되지 않는 것을 알아내고 보일러를 설치해 드렸다. 며느리로서 모시지도 못하여 늘 미안한 마음을 가지고 있는 아내는 자주 전화를 드려서 집안에 일어나는 일들을 알려 드리는 역할을 맡고 있다. 이런 아내가 한씨에게는 여간 고마운 것이 아니다. 부모님에게 위급한 사태가 발생하면 즉시 내려갈 마음의 자세가 되어 있다.

한씨는 자신을 위해 평생을 바쳐 오신 부모님을 생각할 때마다 은혜를 갚아야 한다는 심정이 뭉클해진다. 12세와 9세가 된 한씨의 자녀도 이런 한씨의 마음을 아는지 할아버지와 할머니에 대해 관심을 가지고 2년 전부터 편지를 써서 보내 드리고 있다. 부모님 생신인 지난 주말에는 가족들과 함께 시골에 내려갔다. 동생은 바쁜 일이 있어 못 왔지만 한복을 한 벌씩 보내 드렸다. 도시에서 자란 아이들은 시골 조부모에게 가는 것을 좋아한다. 여름휴가에도 내려가 부모님과 함께 시간을 보낸다. 농한기를 이용하여 1년에 두 번쯤 부모님은 서울 아들집에 다녀가신다. 부모님이 올라오시면 구경을 시켜 드리고, 맛있는 것을 해 드리고, 쌓였던 이야기를 해 드리면서 모시는 것은 아내의 몫이다. 부모님이 올라오시면 한씨는 부모님의 자그마한 일에도 관심을 보여 드리고 마음으로 생각해 드리는 것이 떨어져 사시는 부모님에게 할 수 있는 효라고 느끼고 있다.

이야기에 나타난 효의 의미: 책임, 보은, 가족 화합, 가족 영속, 희생

4) 별거형(라): (원거리: 외국)

[멀리 외국에 가 있으면서 부모를 모시는 경우]

송태민 씨(37세)는 벌써 3년째 고국을 떠나 먼 사우디아라비아에 있는 건설 현장에서 일하고 있다. 그는 가정 형편이 어려워 가족에게 도움이 되기 위하여 고생이 되는 줄 알면서 해외 근무를 지원하였다. 송씨는 고국에 아내와 두 자녀 그리고 연로하신 부모님을 남겨 두고 사우디에 가 있다.

평소에 부모님에 대한 효성이 극진한 것으로 동네에서 칭찬이 자자했던 송씨인 터라 처음에 부모님을 멀리 떠나려고 결정하기까지는 상당한 어려움이 있었다. 특히 부모님이 연세가 많으시고 건강이 좋지 않으시기 때문에 결정을 내리기까지 많은 시간을 망설

여야 했다. 처음 송씨가 해외 근무의 말을 꺼냈을 때 부모님은 걱정을 하셨고 송씨도 자신이 해외에 나가 있는 2년 동안 부모님에게 좋지 않은 일이라도 있으면 어쩌나 하는 걱정을 여러 번 했다. 실제로 1년 전에는 아버지가 위독하다는 연락을 받고 부랴부랴 귀국을 서두르기도 했었다. 다행히 곧 아버지의 상태가 호전되셨다는 연락이 와서 안심을 했지만, 송씨는 아직도 그때를 생각하면 부모님의 임종도 지키지 못한 불효자가 되었을지도 모른다는 생각에 죄의식까지 느낀다.

그러나 송씨는 부모와 가족에게 자식으로서 그리고 가장으로서의 의무와 도리를 다하려고 무진 노력을 한다. 한 달에 한 번 가족의 생활비와 저금을 송금할 때는 반드시 편지를 쓴다. 글을 잘 읽지 못하시는 부모님에게도 편지를 쓰고 아내에게 읽어 드리도록 부탁한다. 바쁜 생활 가운데 자주 쓰지는 못해도 이렇게 한 달에 한 번 안부 편지를 쓰는 것만은 거르지 않는다. 또 2주일에 한 번은 집으로 전화를 한다. 작년 그 일 이후로는 전화를 일주일에 한 번 이상 할 때가 많다. 특히 부모님을 꿈에 뵙기라도 하면 불안한 마음으로 꼭 집에 전화를 한다. 전화를 하면 아내와 어린 두 아들과 통화하기 전에 반드시 부모님과 통화를 한다. 안부를 묻고 불편하신 것이 없는지 살핀다. 아내에게는 부모님의 건강이 어떠하신가를 세세히 묻는다. 그리고 아들에게도 적적하신 할아버지와 할머니를 공경하고 위로해 드리도록 부탁한다. 귀국하는 동료가 있을 때는 부모님과 가족에게 그동안 마련해 두었던 선물과 돈을 전하기도 한다.

그는 고등학교 동창인 의사 안 박사에게 부모님의 의료문제에 관해 전화와 편지로 자주 의논하여 적절한 치료를 해 주도록 부탁하고 있다. 그리고 K 병원에서 의료사회복지사로 일하는 고종동생과도 가끔 상의하고 있다.

송씨는 두 여동생에게 부모님을 자주 찾아뵙도록 부탁한다. 부모님을 멀리 떠나 있기 때문에 불효를 한다고 생각하는 송씨는 두 여동생들만이라도 자주 찾아뵙고 적적하지 않게 해 드렸으면 하는 마음에서이다.

그는 부모님과 처자를 한시도 잊지 않고 그 뜨거운 작업장에서 쉴 때면 고향과 부모님을 그리는 노래를 부른다. 명절 때가 되면 부모님과 가족을 만나지 못하는 것이 더욱 안타깝다. 그렇지만 고생이 지나가면 귀국해서 저축한 자원으로 부모님을 더 잘 부양할 수 있으리라는 희망을 안고 착실히 일하고 있다.

이야기에 나타난 효 내용: 책임, 희생, 애정, 가족 화합

5) 시설 보호

[치매증이 있는 부모를 노인 요양원에 입원시켜 모시는 경우]

황명숙 씨(54세)는 1년 전부터 치매에 걸리신 시어머님(85세)을 모시고 있다. 1년 전만 해도 당신의 옷가지를 챙기시고 집 안 구석구석을 깔끔하게 청소하시던 시어머님이 지난겨울 목욕탕에서 넘어지신 후 크게 앓아누우시더니 치매 현상을 보이기 시작했다. 심

할 때는 아무에게나 욕을 하시고 사람도 몰라보시며 조금이라도 정신이 들라치면 끙끙 앓곤 하셨다. 병원에서는 치매의 초기를 넘어선 증상으로 진단을 내렸다. 남편 박영수 씨(59세)도 평생 남편과 자식들을 위해 모든 것을 바치신 어머니가 이제 좀 평안히 사실 수가 있으신데 저렇게 상상도 못 할 어려운 병환으로 고생하시는 것을 볼 때마다 마음이 아프고 가엾기 한이 없었다.

황씨와 남편은 누구나 나이가 들면 자연히 저렇게 병환이 들게 되니 정성껏 돌아가실 때까지 잘 모셔 드려야 한다고 생각했다. 그렇다 해도 황씨는 시어머님을 수발하는 일이 날로 힘들어졌다. 목욕시키는 일, 옷을 갈아 입혀 드리는 일, 다치시지 않도록 보호해 드리는 일이며 그 외 모든 일을 다 해 드려야 하기 때문이다. 남편은 구청에 나가서 근무하고 두 아이들도 직장에 나가고 학교를 다녀 남의 손 하나 빌릴 수 없어 힘들었다. 황씨도 늘 두통에 시달리고 관절염도 심해져 자신마저 앓아누울 지경이었다. 게다가 내년 초에 결혼할 큰아들의 일도 걱정이었다. 박씨는 위로 누이 둘과 아래로 여동생 하나를 둔 외아들이라 별로 친척의 도움도 바랄 형편이 못 되었다.

그러던 중 황씨는 우연히 의학 잡지를 통해 치매가 노환이 아니라 엄연한 질병이며 적절한 치료를 하면 악화를 방지하고 약간의 회복도 가능하다는 것을 알았다. 그는 용기를 내어 남편에게 시어머니를 치매 치료 및 요양 전문 시설에 맡겨 아주 악화되기 전에 예방하고 회복되도록 하자고 조심스레 제안하였다. 남편도 어머님의 병환과 집안 사정—황씨 혼자 간병하기가 매우 어렵고 황씨까지도 자칫하면 병상에 누울 가능성이 있음—을 곰곰이 생각한 나머지 처음에는 어느 정도 황씨의 제안에 찬성했으나 출가한 누이들의 반대와 여동생의 비판적인 시선 때문에 많이 망설였다. 그러나 어머님이 전문적인 치료와 간호가 필요하신 점, 황씨가 건강을 유지하고 희생을 덜해야 하는 점, 집안 생활을 정상화해야 할 필요성 등을 십분 고려해 보았을 때 대안이 없었다. 이들은 가정상담소의 선임사회복지사인 박 여사를 만나 그동안의 경위를 알리고 상담을 했다. 박 여사에 권유에 따라 며칠 후 황씨는 남편과 근처의 요양시설을 돌아보고 보호부양을 담당하는 전문인들로부터 여러 가지 서비스에 대한 정보를 얻고 또 이들과 상담을 하여 어머님을 당분간 회복되시기 시작할 때까지만이라도 요양원으로 모시는 것이 어머니에게도 더 좋겠다는 데 합의했다.

요즘 그들은 일주일에 두 번씩 꼭 어머님을 찾아뵙는다. 천안에 있는 그 요양원은 집에서 버스로 2시간 정도의 거리인데 치매환자들과 정신질환자를 맡아 전문적 케어를 하는 곳이다. 상당한 입원료와 치료비를 받는다. 물리치료와 적절한 간호를 함으로써 증세의 완화를 기대하는 것이다. 황씨는 생활비를 대폭 줄이고 어머님의 입원료를 지불하는 데 지장이 없도록 하겠다고 결심하였다. 어머님은 요양원으로 가신 후 기분도 건강도 더 좋아지신 것이다. 황씨도 건강을 조금씩 회복하고 있으며 결혼할 아들도 할머니를 찾아뵙고 시간을 보내 드린다. 남편 박씨는 아내 황씨가 어머님을 위해 그리고 집안일을 책임 있게 도의적이면서도 합리적으로 처리한 데 대해서 만족히 생각하며 어머님이 머지않아 회복되셔서 집으로 모실 수 있기를 마음속으로 기원하고 있다.

7장

효행의 유형(Ⅲ)

[사회봉사형]

이 장에서는 앞장에서 소개한 가족중심의 효행과 다른 이웃과 지역사회의 노인의 복리를 증진하는 넓은 범위의 효행의 사례를 소개하고자 한다.

전통적으로 가정에서 효가 이루어지면 자연적으로 이웃과 사회로까지 효가 뻗어 가게 된다고 교시되어 왔다.

저자의 연구에서도 효는 부모를 봉양하는 일로부터 이웃을 돕는 일로까지 확대되었다. 이렇게 효가 가족의 테두리를 벗어나 이웃과 사회의 노인들을 지원하게 되는 것은 새 시대에는 매우 중요하고 필요하다.

우리 동아시아 문화의 이념적인 기틀은 인(仁)이다.

인은 다른 사람을 사랑하고 보살핀다는 것이다. 지금까지 매우 가족 중심적으로 살아온 우리는 앞으로 효를 사회로 확대하는 데 노력을 기울여야 할 것이다. 가족과 사회는 끊을 수 없는 상호 교환관계에 있다. 가족이 복리를 누리기 위해서는 사회 전체가 복리를 누릴 수 있게 만들어야 한다. 그럼으로써 가족은 필요시 사회로부터 지원을 받을 수 있는 것이다.

1) 이웃 노인 봉사

[홀로 사는 가난한 이웃 노인을 지원하는 경우]

그날은 학림사에서 5년째 계속 개최해 오던 노인잔치에 독실한 불교신자인 오정일 경장이 후원자로 참석했던 날이었다. 사회자의 재담과 가수들의 노래에 퍽이나 흥겨워하며 준비한 식사를 맛있게 들던 한 초췌한 인상의 할머니가 눈에 띄었다. 오 경장은 몇 년 전에 고향에서 돌아가신 어머니를 떠올리며 간식을 조금 싸 들고 그 노인 곁으로 가 이야기 몇 마디를 나누곤 별 생각 없이 그 할머니와 헤어져 지서로 돌아왔다.

그날 이후로 이상하게도 오 경장의 뇌리에 그 노인의 울뚝불뚝한 거친 손과 머리숱이 얼마 되지 않아 금방 풀어질 것 같던 쪽진 머리의 영상이 떠나질 않는 것이었다. 며칠을 그렇게 보내고 급기야는 동네 통장, 동사무소로 수소문하여 그 할머니의 집을 찾아가게 되었다. 집이라고 해 봐야 무허가 건물 귀퉁이에 방 하나 세 들어 사는 것으로 그것도 얼마 전 집중호우로 담벼락이 부서져 겨우 하늘만 가린 집이었다. 그 할머니는 나이 어려서 결혼하였으나 자식을 낳지 못한다 하여 쫓겨난 후 이제껏 의지할 데 없이 살아온 분이었다. 오 경장은 부처님이 나에게도 할 일을 주시는구나 하는 생각으로 그 할머니에게 관심을 쏟기 시작하였다. 아울러 그는 돌아가신 자기 어머님을 생각하면서 또 사정이 딱한 노인을 지원해야 하는 사회의 책임을 느끼면서 순찰 도중 가끔 들려 담벼락 수리도 해 주고 아궁이도 손봐주며 점심시간에 맞춰 식사도 같이하는 등 할머니를 위해서 하는 여러 가지 일들을 즐겁게 느꼈다.

오늘도 초코파이와 요플레를 사 들고 가파른 산동네를 올라온 오 경장의 손을 잡고 할머니는 눈물을 흘리신다. 부처님이 당신 평생 자식 못 낳는 한을 늦게나마 이런 효자를 보내 풀어 주었다고 말씀하시며.

이웃 노인에 대한 동정심, 노인을 공경해야 한다는 의무감, 이웃과의 화합의 중요성 나아가 노인에 대한 존경심, 시민을 위해 일하는 공복으로서 책임감, 그리고 내 부모에게 못다 한 효를 이웃 노인에게 하는 보상 등 바로 이러한 효의 내용을 그 경관은 실천한 것이다.

이야기에 나타난 효 내용: 이웃 화합, 동정심, 의무감, 보상, 종교적 신조

2) 대중 경로사업

[노인들을 위하여 버스 안에 경로석을 마련한 사례]

흥국버스회사는 새로 개발된 강 건너 아파트단지에서 시작하여 강 이쪽의 구 시가지를 연결하는 간선 도로를 운행하는 회사로 버스를 약 100대 보유하고 있다. 경영 측과 근로자인 운전기사 등 종

업원들 간에 마찰이 거의 없고 노사문제가 비교적 적은 회사이다. 이 회사의 남기원 사장은 고객 제일주의를 부르짖으며 운전기사들의 대고객 교육을 정기적으로 하고 차 내 의자의 시트를 일주일마다 갈고 차체의 청소를 매일 아침 하게 하고 외국인 고객에 대한 예의를 강조하고 모범 기사에게는 포상을 하는 등 고객 편의 도모를 위해 여러모로 노력하고 있다. 또한 그는 종업원의 복리에 특별한 관심을 가지고 종업원의 안전과 질병 예방 그리고 수당, 휴가, 가족의 길흉사도 배려를 아끼지 않아 회사원들로부터 존경을 받고 있다. 그리고 그는 가끔 스스로 버스를 타고 전 노선을 돌아보며 고객 서비스를 점검한다.

최근에 남 사장은 노선을 순시하는 동안 버스에 올라탄 노인이 미처 자리에 앉기도 전에 버스가 떠나는 바람에 그만 바닥에 넘어져 상처를 입는 불상사를 목격하였다.

이때 남 사장은 사회적으로 보살핌을 받아야 할 노인 고객에 대한 버스 운영자의 관심이 부족함을 통감하고 이분들에 대한 서비스를 개선해야 하겠다는 생각을 하였다. 사실 남 사장도 80이 되는 노부모를 모시며 남달리 효도를 하고 있는 사람이었다. 그는 회사의 중역들과 협의한 후, 노동조합 측의 적극적인 지지를 얻어 이 생각을 현실로 옮기게 되었다.

이 회사가 운영하는 모든 버스 안에 노인을 위한 좌석을 지정하여 그 좌석에 경로석이라는 표시를 했다. 버스마다 8석에서 10석의 좌석들이 노인을 위해 배정되었다. 버스기사들도 운전하는 동안 수시로 경로석에 시선을 돌려 노인이 자리를 차지하지 못하고 젊은 이가 그 자리에 앉아 있을 때는 이를 시정했다.

사장은 이러한 노인 고객을 위한 운동이 계획대로 순조롭게 진행되고 있음을 확인하고서는 다른 버스회사들에도 이 경로운동을 소개해 주었다. 그리고 1년이 지난 후 반수 이상, 3년이 지난 후에는 거의 모든 시내 버스회사들이 이 운동에 참여해 노인 고객에 대한 경로 서비스를 하게 되었다.

이와 같이 경로의 행동은 가정에서만이 아니라 넓은 사회 전체에서도 이루어질 수 있음을 버스회사들은 과시한 것이다.

이야기에 나타난 효 내용: 이웃 화합, 의무감, 존경심

3) 효교육

(1) [학교에서 효교육을 실시한 사례]

유한공업고등학교는 산업 일꾼을 양성하면서 우리의 미풍양속을 교육하는 데도 힘쓰고 있다. 이 학교 학생들은 "저는 효자입니다."라는 인사를 한다. 이 인사는 그 학교의 인성교육을 위한 프로그램의 하나이다. 하루에 여러 번 이런 인사를 함으로써 학교에서는 물론 가정에서도 효를 실천하도록 하자는 것이다. 이 외에도 "매일 집 안에서 큰절로 부모님에게 문안드리기", "조상님 함자 알기", "양심의 편지 쓰기" 등의 활동을 통해 10여 년간 효교육을 해 왔다. 이들 활동은 전통적 효사상을 바탕으로 한 예절 및 도덕 교육을 강화하기 위한 것이다.

"매일 집 안에서 큰절하기"는 아침마다 일어나서 옷을 단정히 입고 어른에게 문안인사를 드리고 등교할 때도 큰절을 하는 것이다. 처음에는 교사들이 집에 전화를 하거나 방문을 해서 학생들이 실제 이렇게 효행을 하는가 조사했으나 이제는 학생들 스스로 문안인사를 올리게 되었다. 이 외에도 교육을 통해 효는 백행의 근원임을 학생들이 인식하도록 하고, 경전, 책, 구전(口傳)을 통해 효를 이해해서 실천토록 하고 있다. 또한 '효행일기장'을 만들어서 월별로 정한 주제에 맞게 효를 실천하면서 하루에 행한 자신의 행동을 뒤돌아보고 기록하게 한다. 학교교육의 내실을 기하기 위해 '효행교육추진위원회'를 두고서 경로효친 실천방향의 목표를 설정하여 월별로 경로효친사상 고취를 위한 활동을 하고 있다.

이렇듯 효교육이 자리 잡기까지에는 학교장의 적극적인 지원과 윤리 담당교사의 희생적인 노력이 있었다. 가정교육의 기본인 효사상이 사라지는 것을 염려하여 이런 윤리교육을 도입하게 된 것이다. 효교육에 참여함으로써 학생들이 부모를 떠올리는 기회가 많아져 스스로 행동을 올바르게 하게 되었으며 윤리교육이 잘되어 학부형과 지역지도자들이 감사해하고 있었다.

(2) [책과 의사 전달 매체를 통해 효교육을 한 사례]

경기도 광주에 있는 가나안 농군학교의 김평일 교장은 기독교 이념을 바탕으로 농촌지도자 양성에 기여해 오면서 학교 안에 설치된 효도실천연구회를 통해서 효교육을 하고 있다. 학생과 방문객에게 "내리사랑 올리효도"라고 적힌 스티커와 "내리사랑 올리효도"

라는 책을 발간해서 나누어주고 효사상을 전파하고 있다. 이 책은 효를 일상생활 속에서 생각하고 실천하는 데 도움이 되도록 저작한 것이다. 김 교장은 이 책에서 "효사상은 먼저 가정 내에서 부모와 자녀가 주고받는 자연스러운 행위와 감정 속에서 이루어져야 된다."고 주장하였다.

효의 실천을 강조한 그는 도자기 화병에 효 글자를 새기고 티셔츠에 효 마크를 넣고 열쇠고리, 편지봉투, 칼, 배지, 효와 관련된 강연 테이프, 책 등에 효(孝) 글자를 새겨 넣고서는 효를 항상 마음에 두고 효를 생활화하도록 하고 있다.

특히 여러 가지 크기로 만든 '효 스티커'는 '내리사랑 올리효도' 운동의 기본도구인데 이 스티커를 전화기, 수첩, 자동차, 거울 등 눈길이 가는 곳에는 어디에나 붙여 놓고 효를 기억하고 실천하도록 하였다.

김 교장의 효교육은 사람이 사람다울 수 있게 하는 효의 실천교육으로서 지역사회에 커다란 영향을 끼치고 있었다.

이야기에 나타난 효 내용: 책임, 이웃 화합, 종교적 교의

4) 효 문화 창달

효의 이념과 실천에 관한 이야기, 기사, 소설, 보고, 영상을 신문, 라디오, 텔레비전, 책, 연극, 회화, 영화, 사진, 보고서를 통해서 많은 사람들에게 전달하여 효에 대한 이해를 촉진하고 효를 실천하

도록 영향을 주는 문화 활동을 우리나라에서는 그동안 규모의 차이는 있으나 개인, 집단, 단체들이 다양하게 실시해 나오고 있다.

특히 실생활 속에서 효행을 하는 상황을 잡아 이를 묘사하여 전달하는 것은 청중과 독자에게 현실감을 가지면서 효를 행하는 상황을 이해토록 하여 효를 실천할 자신감을 주는 효과가 있다. 그리고 복잡한 효의 뜻을 대중이 이해할 수 있게 일상생활 속의 실례를 들어 전해 주는 적극적인 교육기능을 한다. 흔히 효행의 모범상(像)을 보도하는 데는 문화적인 방법이 커다란 효능을 발휘하고 있다.

이러한 문화적 방법은 또한 모범적인 효행에 관한 기록을 영구 보존하여 여러 지방의 사람들이 활용토록 하며 다음 세대에 이를 전해 주는 역할을 한다.

최근에 효에 관한 사회적 관심이 고조되자 문화적 방법들 중 특히 신문, 방송 매체, 현장 탐방자 등이 적극적으로 효행자들을 찾아 나서고 있다. 예로 효행자가 이룩한 업적과 효가 행해진 주변 사정을 적나라하게 보도하거나, 현대 한국인들이 효를 실천하는 이유와 모범적인 효행의 형(型)을 조사해서 보고하거나 노부모를 부양하는 가족 상호 간의 복잡한 인간관계와 가족 안팎의 자원 활용 상황을 자세히 알리거나 세계적인 효 전문가들이 참가한 효에 관한 국제 세미나에서 발표되고 논의된 일들을 보도하거나 치매증이 있는 부모를 시설에 입원시켜 보호하려는 가족이 겪는 어려움과 의사 경정 과정을 드라마로 꾸며 방송을 하고 있다. 이러한 노력들을 통해서 현대인이 생각하고 행하는 효의 실상을 이해시키고 실천토록 하는 데 커다란 기여를 하고 있다.

효 문화의 시대적 변화를 정확히 파악해서 기록, 저장하여 교육적인 효과를 대중에게 끼치기 위해서는 앞으로 이러한 여러 가지 문화 활동에 크게 의존해야 될 것으로 본다.

5) 효행상 제도 운영

[효행상 제도를 통하여 국민의 효행을 권장하고 효윤리를 재강조하는 사례]

우리 정부는 1973년 항구적인 포상 제도로서 '효행상'(孝行賞) 제도를 제정하여 보건복지 가족부를 통해 매년 전국에서 추천된 200~300명의 효행자들에게 상을 주고 있다. 1975년에는 삼성복지재단(三星福祉財團)이 또 효행상을 제정하여 매년 전국에서 추천된 10~20명에게 상을 주어 왔다. 그 후 1991년에 아산사회복지재단(峨山社會福祉財團)이 아산효행대상을 제정하여 역시 매년 5~10명에게 수상하고 있다.

이와 같이 정부와 최대 민간 기업체들(삼성그룹과 현대그룹)이 효행상 제도를 운영하고 있다. 서양에서는 물론 동양에서도 이렇게 정부와 민간이 대규모의 효행상 제도를 제정하여 전국적으로 선발된 효행자들에게 정기적으로 상장과 상금을 주고 있는 나라는 우리나라밖에 없다.

각각의 상은 효행을 한 개인, 집단, 또는 단체에게 준다. 부모에게 효도한 수상자에게는 효친상, 모범적 가정을 이루어 효도한 사람에게는 모범가정상, 노인을 존경하고 지원한 사람에게는 경로상, 효

문화를 발전시킨 사람에게는 효 문화상을 수상한다. 특히 인상적인 것은 근년에 이들 상 제도들이 노인을 존경한 소년들에게 청소년 경로효친상을 주고 있다는 사실이다.

포상제도는 수상자의 훌륭한 업적을 칭찬하고, 이러한 훌륭한 모범을 많은 사람들이 따라 주도록 권장하려는 데 목적이 있다.

시상식에는 많은 사람들이 참석해서 수상자들의 업적을 감상하며, 수상자들에 대한 이야기는 각종 매스컴을 통해 전국으로 방송, 보도된다. 따라서 이들 효행상들은 전 국민에게 효의 이념과 실천을 권장하고 교육하는 데 커다란 영향을 끼치고 있다.

효행상은 우리의 귀중한 문화적 유산인 효의 이념을 바탕으로 노인과 부모를 존중하며 보호 부양하는 미덕을 실천하는 개인, 가족, 이웃에 시상하여 화합되고 도의적이며 안정된 사회를 이룩하려고 실시되고 있는 제도이다. 이 제도가 의도한 바가 대체로 성공적으로 실현되고 있는 것으로 보고들 있다. 다만 수상자들의 효행에 대한 보다 더 광범위하고 심층적인 보도가 필요하다고 본다.

8장

부모를 위한
사회적 지원망

지금까지 이 책에서 주로 가족만의 힘으로 고령의 부모를 잘 부양한 사례들을 소개했다. 하지만 가족의 크기가 작아져 노인을 부양할 가족원 수가 감소하고 가족 바깥에서 활동하는 여성의 수가 증가하며 떨어져 사는 자녀가 많아지는 새 시대에는 노인 부양자들이 이웃과 지역사회에서 제공하는 각종 서비스를 더 많이 활용할 수 있어야 한다.

가족이 변하고 있는 사회적 현실에서 부모를 원만히 부양하기 위해서는 가족, 친척, 이웃, 친구, 사설집단 등으로 이루어진 사회적 지원망 또는 비공식적 지원망을 활용하여 가족의 부양기능을 보완해 나가지 않을 수가 없게 되었다.

이 장에서는 변동하는 한국사회에서 노인에게 비공식적 지원을 제공하는 사회적 지원망이 어떠한 형태를 갖추었나를 식별해 보고 각종 사회적 지원망들이 노인들을 지원하는 상황을 살펴보고자 한다.

| 이론적 틀

노인들이 필요로 하는 사회적 지원은 정서적 지지, 충고, 안내, 정보제공, 물질적 원조, 필요할 때 친구가 되어 주는 것, 어려움이 있을 때 보살펴 주는 것, 전문적 서비스를 받도록 돕는 것 등 다양한 형태의 서비스들을 포함하고 있다. 노인들은 일상생활에서 어려운 일에 부딪칠 때 이를 극복하고 평안한 삶을 영위하기 위해 이와 같은 사회적 지원을 필요로 한다. 이런 사회적 지원은 노인들이 믿을 만한 지원망에 속해 있어야 받을 수가 있다.

지원망이란 사람들 사이에 연결되어 있는 상호 부조하는 인간관계의 망(support network)을 의미한다(민, 이,2008; 배, 2004; 이, 한, 박, 이, 2003; 전, 장, 2003; Wenger, 2002; Oliner & Oliner, 1995; Antonucci & Kahn, 1993).

노인문제가 심각해지자 가족이 노인을 위해 중요한 역할을 한다는 사실이 다시 강조되기 시작하였다. 그러나 가족 이외에도 친척, 이웃, 친구 및 사설협회(교회, 상호 부조협회 등)도 또한 가족의 보호가 부재할 때나 약할 때 중요한 대리기능을 한다(Wenger, 2002; Allen, 1986). 본 연구에서는 다음의 5가지 형태의 비공식적 지원망과 이들 지원망의 구성부분에 대하여 조사하였다.

* 가족지원망: 같은 가구 내의 노인부부, 아들 및 며느리, 미혼자녀
* 친척지원망: (다른 가구에 속하는)형제자매, 사촌, 숙부모, 조카
* 이웃지원망: 이웃집 또는 같은 마을에 사는 사람

* 친구지원망: (이웃이 아닌)가까운 친구, 믿을 수 있는 친구, 직
   장동료
* 협회지원망: 교회, 사원, 종교단체, 상조협회, 자원봉사 집단

본 연구에서 사회적 지원은 "노인이 사회적 지원망으로부터 필
요할 때 받을 수 있다고 주관적으로 감지하는 원조"를 뜻한다
(Antonucci & Kahn, 1993).

지원망은 다차원적으로 개념화하여 연구할 필요가 있음이 강조
되고 있다. 예로 Wenger(2002)와 Gallo(1984)는 비공식적 지원망을
식별하기 위한 연구에서 다양한 속성들을 포함하는 다원적 차원들
을 사용하였고 Ward(1985)는 사회적 지원망은 구조적 속성과 기능
적 속성을 가진다는 복합적인 개념적 틀을 제시하였다. 본 조사에
서는 이들이 제시한 틀에 기초해서 7가지 차원으로 지원망을 분석
하였다.

즉, 지원망의 구조적 차원으로서 다음의 변수들을 적용하였다(표 5).
(1) 크기
(2) 빈도
(3) 거리
(4) 지속기간
(5) 방향
(6) 친밀도

그리고 기능적 차원으로서는 다음의 변수를 사용하였다.

(7) 도움을 받은 정도

표 5. 사회적 지원망의 차원과 규정

차 원	규 정
크기	노인이 접촉한 지원망 내의 사람(들) 수
접촉빈도	노인과 지원망 성원 간의 접촉 횟수(1개월간)
거리	노인과 지원망 성원 간의 지리적 거리
기간	지원망과 관계를 유지해 온 기간
접촉방향	누가 접촉을 시작하는가(일방적/상호교호적)
친밀성	노인이 느끼는 지원망 성원과의 관계의 친밀성
도움	노인이 지원망으로부터 받았다고 판단하는 도움

Wenger와 Ward는 지원망은 노인의 안녕을 증진한다고 가정하였다. Gallo의 연구에서도 역시 이 가정을 대체로 지지하고 있다. 이들은 긍정적인 사회적 지원을 받은 노인들은 이를 받지 못한 노인들보다도 더 높은 정도의 안녕을 누렸다고 보고하였다. 본 연구는 지원망의 이러한 긍정적인 영향도 살펴보고자 한다.

본 연구의 종속변수인 노인의 안녕(well-being)은 사회적 안녕, 심리적 안녕 및 신체적 안녕으로 나누어 측정하였다. 다음은 이들 세 가지 안녕의 유형과 각각의 유형을 측정한 척도(괄호 안)들이다.

* 사회적 안녕(사회적 지원, 경제적 안녕, 주택, 및 환경에 대한 만족에 관한 10개 항목)
* 심리적 안녕(생에 대한 만족, 걱정의 부재, 주관적인 정서적 건강에 관한 6개 항목)
* 신체적 안녕(건강, 의사방문, 입원, 고통/불쾌감의 부재; 장애-

－시각, 청각, 치아, 마비－－의 부재에 관한 12개 항목)

위와 같은 변인에 대한 조사와 병행해서 지원망과 노인의 사회인구학적 특성과의 관계, 지원망을 형성하는 차원들 간의 관계, 안녕의 하위 차원들 간의 관계를 각각 탐사해 보았다. 그리고 지원망을 강화해 주는 우리의 특정한 문화적 요인과 프로그램 활동에 대해서도 논의하였다.

| 연구방법

서울시내 거주 노인들 450명을 다단계 집락표집방법으로 서울시의 모든 구들에서 3개 구, 각 구에서 10개 동, 각 동에서 15가구를 각각 무작위로 추출하였다. 이 방법으로 서울시내에 거주하는 55세 이상의 노인을 모시는 모든 가구가 동일하게 선발될 확률을 가지도록 하였다(선정된 가구에 노인이 부재한 경우에는 옆집 가구의 노인을 면접했다). 정신적 및 신체적 장애가 있는 노인은 조사 대상에서 제외하였다. 도합 30명의 훈련된 조사자들이 매 가구당 한 노인을 면접하였다. 개방식 설문도 포함된 설문지를 사용해서 면접하였다. 설문에는 응답자의 사회인구학적 특성, 비공식적 지원망, 안녕 등에 관한 항목들이 포함되었다. 정확한 응답을 얻기 위해 다음과 같은 점검을 하는 설문이 사용되었다.

"가장 중요한 일이나 어려운 일이 생겼을 때 찾아가서서 의논을 하시는 분이 누구신지 그분의 성명을 좀 알려 주십시오."

이 질문을 하고 난 뒤에 지원망의 여러 가지 차원을 측정하기 위해 다음 사항에 대한 질문을 했다.

* 일상적으로 도움을 얻기 위해 접촉한 사람의 수
* 지원망 성원들과 접촉한 빈도
* 지원망 성원이 살고 있는 곳과 노인과의 거리
* 지원망과 관계를 유지해 온 기간
* 접촉을 시작한 쪽(주로 한쪽에서? 또는 양쪽에서 교호적으로?)
* 지원망 성원과의 친밀성의 정도
* 지원망으로부터 받은 도움의 정도

지원망 차원에 관한 설문은 Gallo가 사용한 것과 같다. 안녕에 관한 자료는 앞에서 기술한 3가지 차원에 관한 설문에 대해서 노인이 응답한 내용에 기초한 것이다. 이 설문을 번역해서 타당도를 검정했다. 설문은 5단위 측도로 형성되었다(1 = 가장 바람직함……5 = 가장 바람직하지 못함).

(예: "연세가 비슷한 다른 노인들과 비교하셔서, 어느 정도로 건강하시다고 생각하십니까?" 다음 중 하나를 지적해 주십시오.: ___1) 매우 좋다, ___2) 좋은 편이다, ___3) 그저 그렇다, ___4) 별로 좋지 못하다, ___5) 매우 나쁘다.

"가족지원망의 성원들과 어느 정도로 친밀한 관계를 가지고 계십니까?" 다음 중 하나를 지적해 주십시오.: ___1) 매우 친밀하다, ___2) 친밀한 편이다, ___3) 그저 그렇다, ___4) 별로 친밀치 못하다, ___5) 전혀 친밀치 않다.)

지원망을 2종류 이상 가진 노인의 경우, 각각의 지원망 차원(크기 제외)에 걸쳐 단일 숫자를 얻기 위해 두 지원망들의 평균을 내었다. 접촉방향에 관한 자료는 재코딩(recoding)을 해서 조정했다.

지원망 차원들에 관한 설문들과 안녕에 관한 설문에 관한 신뢰도계수(alpha)는 .77 ~ .87(p<.001)이었다.

안녕의 각 유형에 대한 평점을 얻기 위해 해당 유형을 지적하는 항목들에 대한 숫자들의 산술평균치를 구했다. 종합적 안녕에 대한 평점은 3가지 안녕 유형들의 평균치로 정하였다. 지원망에 대한 자료도 위와 같은 절차를 거쳐 계산하였다.

| 분석결과

조사된 노인들의 대다수(67%)는 65세 이상이고, 60%가 남성이며; 3분의 2가 초등학교만을 졸업했고, 46%가 홀로되었고, 58%가 장남(또는 다른 아들)과 살고(도합 81%가 기혼 또는 미혼 자녀와 함께 살고 있음), 11%는 배우자하고만 살고, 50%가 4-6 크기 가구의 가족원이고, 80%는 직업이 없고, 58%는 자녀로부터 경제적인 도움을 원했다.

1) 지원망의 특성

노인들의 93%가 도움이 필요할 때 (자신의) 가족지원망을 찾는 다고 응답했다. 노인들 중 28%는 "가족 – 친척 – 이웃 – 친구 – 사설 협회"의 복합적인 지원망들로부터 동시에 지원을 받고 있었다. 22%의 노인들은 가족지원망 한 곳으로부터만 지원을 받았다. 그리 고 44%의 노인들은 가족지원망과, 친척, 이웃, 친구 및 협회 가운 데 하나 또는 두셋으로부터 도움을 받았다. 가족지원망을 갖지 않 은 6%의 노인들은 다른 지원망들에 속해 있었다.

'가족지원망'의 평균 크기는 1.73인이고, 대개가 성인 아들과 며 느리이다. 이와 같이 가족의 크기가 작은 것은 핵가족 수가 증가했 음을 시사한다. 노인들의 대다수는 11년 이상 가족지원망과 친밀한 관계를 맺어 왔고, 이 지원망과 비교적 자주 접촉했고, 지원을 대 체로 많이 받았다고 했다. 노인들의 40%는 가족지원망과 일방적 (一方的) 관계를 맺고 있었다. 이는 지원망 성원이 노인을 찾아 원 조하는 식의 관계이다. 그러나 17%의 노인들은 자신들이 지원망을 찾아가서 지원을 받았다고 했다. 주목할 상황은 노인들의 45%가 가족지원망 성원과 상호 교환적 관계를 가졌다는 사실인데, 이러한 관계는 노인과 지원망 성원이 필요에 따라 서로 찾아 오고가는 식 으로 도움을 주고받는 교환적 관계이다(노인들이 자녀에게 제공한 도움은 아이 봐 주기, 충고와 정보제공, 위로 등 정서적 지지, 재정 지원 등이다.). 그러나 노인들의 4분의 1은 가족지원망으로부터 그 분들이 원하는 만큼의 도움을 받지 못했다고 했다.

'친척지원망'은 크기가 작았다(평균 .93인). 전통적으로 대가족을 유지해 온 한국인들에게는 이 크기는 의외로 작은 것이다. 대도시에 사는 가족들이 이미 소형화되었음을 시사한다. 가족지원망의 경우와 비슷하게 3분의 1정도의 노인들이 친척지원망 성원이 먼저 접촉을 했다고 했다. 이는 노인에 대한 친척들의 의무감 내지 책임성을 반영한다고 볼 수 있다. 그러나 이 지원망에서도 가족지원망의 경우와 같이 44%의 노인들이 교호적인 접촉을 했다. 한편 친척지원망에서는 친구지원망과 이웃지원망에 비하여 노인들이 접촉하는 빈도가 낮았고, 지리적 거리가 더 멀었고, 관계가 덜 친밀했고, 이로부터 받은 도움의 정도도 더 낮았다.

'이웃지원망'도 역시 작았다(평균 .95인). 그러나 노인들은 친척지원망보다도 가까운 이웃에 있는 이웃지원망과 더 교호적 관계를 맺었고 접촉한 빈도도 더 높았다. 그 관계는 대체로 친밀하였다. 대다수 노인들(65%)은 이웃지원망이 '그런대로' 도움이 되었다고 했다.

'친구지원망'은 친척지원망이나 이웃지원망보다는 약간 크다(평균 1.21인). 노인들의 약 50%는 이웃의 친구지원망과 비교적 자주 접촉하였다. 이 지원망과 접촉해 나온 기간은 이웃지원망의 경우와 같이 비교적 짧았다. 그러나 인상 깊게도 노인들은 친척지원망보다도 이 친구지원망과 더 친밀한 관계를 맺었고 이 관계는 이웃지원망의 경우와 같이 상호교호적인 것이었다. 대다수 노인들은 친구지원망이 '그런대로' 도움이 되었다고 했다.

이와 같은 자료는 이웃지원망과 친구지원망이 매우 교호적 또는 교환적인 관계 속에 유지되며 대도시에 거주하는 노인들을 위한 중요한 지원의 출처가 됨을 알려 준다.

'사설협회지원망'에 속하는 노인들은 극히 소수였다. 이 지원망의 평균 크기도 작았다(.09인). 노인들은 이 지원망과 접촉을 많이 하지 않았으며, 접촉은 거의가 노인들이 찾아가서 한 것이다. 일부 노인들은 이 지원망과 상당히 친밀한 관계를 가지며 비교적 장기간 어느 정도의 도움을 받았다. 이러한 자료는 다양한 자원을 제공할 수 있는 사설협회지원망에 노인들이 더 참여해야 할 필요성을 지적해 주고 있다.

2) 지원망 차원들 간의 관계

지원망과의 접촉빈도는 지원망과의 (짧은)거리와 긍정적인 상호관계를 가지고 있다(Pearson $r = .65$, $p < .001$). 즉 이 관계는 노인과 지원망과의 거리가 가까울수록 도움을 받기 위해 지원망을 더 자주 찾게 됨을 시사한다. 도움을 받은 정도는 접촉빈도를 포함한 세 가지 구조적 차원들과 약하기는 하지만 긍정적인 상관관계를 갖고 있다[접촉의 빈도 ($r = .22$, $p < .001$); (짧은)거리 ($r = .27$, $p < .001$); 친밀성 ($r = .21$, $p < .001$)]. 이러한 관계는 이들 3개 차원들 간에 서로 강화하는 관계가 있음을 시사한다.

3) 사회인구학적 특성과 지원망 차원 간의 관계

연령이 높은 노인들(70세 또는 그 이상)은 연령이 낮은 노인들보다도 더 큰 지원망을 갖는 경향이 있다($X2 = 36.65$, df = 24, p<.05). 자녀 또는 배우자와 함께 사는 노인들은 홀로된 또는 홀로 사는 노인들보다도 지원망과 더 친밀한 관계를 가지며 도움을 더 많이 받은 것으로 시사되었다($X2 = 47.91 \sim 66.72$, df = 12, p<.001). 주거형태를 보면, 자녀 집에서 동거하는 노인들은 노인 자신의 집이나 셋집에서 별거하는 경우보다도 약간 더 도움을 받았다(평점: 2.3 대 2.6: 1 = 매우 많이 받음…… 5 = 전혀 안 받음). 교육과 종교는 지원망 차원들과 유의한 상관관계가 없다.

4) 노인들의 안녕

대다수의 노인들은 자신들이 비교적 독립적으로 신체적 기능을 하고 있다고 보았다(이들은 시설에 들어 있지 않고 자기들의 집에서 살고 있기 때문에 대체로 건강할 것으로 짐작은 했다.). 사회적 안녕과 연관이 있는 세 가지 문제들은 비상금부족(54%), 자녀로부터의 도움의 필요(58%) 및 주택에 대한 불만(21%)이다. 심리적 문제와 관련된 주요 문제는 고독이다. 사회적 안녕은 심리적 안녕과 긍정적 상관관계를 가지며($r = .45$, p<.001), 한편 심리적 안녕은 신체적 안녕과 긍정적인 관계에 있다($r = .31$, p<.001).

중다회귀 분석결과에 의하면, 종합적 안녕에 대해서 각각의 지원망이 통계적으로 유의한 영향을 끼치지 못함이 시사되었다. 지원망 차원들을 좀 더 세분해서 분석한 결과 '가족지원망의 친밀성'만이 종합적 안녕에 영향을 끼쳤음이 시사되었다.

5) 지원망과 프로그램이용

노인들을 위해 운용되는 16개 공공복지프로그램들 가운데서 노인들의 50% 이상이 많이 또는 비교적 자주 이용한 것은 할인권, 노인정, 의료보험 및 노인학교뿐이었다. 회귀분석을 해 본 결과, 이웃지원망과 친구지원망이 '노인들의 프로그램이용'에 각각 영향을 준 것으로 시사되었다($R2 = .67$, $R2 = .48$).

| 논의

한국노인들의 비공식적 지원망의 핵심은 여전히 '가족'이다. 그러나 노인들의 다수(78%)가 친척지원망, 친구지원망, 이웃지원망 또는 사설협회지원망으로부터 도움을 받고 있다.

고도로 가족 중심적인 우리 사회에서도 이와 같이 광범위한 지원망들이 가정바깥에서 노인들에게 직접적 또는 간접적으로 도움을 제공하고 있음을 알 수 있다. 이러한 사실은 비친족(이웃, 친구, 사설협회) 지원망이 도시 거주 노인들에게 중요함을 알려 주고 있다.

지원망의 주요차원인 친밀성이 노인들의 안녕에 영향을 미쳤음이 시사되었다. 그리고 친구지원망과 이웃지원망이 노인들의 복지프로그램에 대한 인식을 높이고 프로그램을 이용토록 하는 데 영향을 끼쳤음이 또한 시사되었다. 따라서 지원망이 노인들의 안녕과 대체로 긍정적인 상관관계를 갖고 있음이 한국적인 상황에서 외국의 경우와 비슷하게 (부분적으로나마) 입증된 셈이다(Wenger, 2002; Antonucci & Kahn, 1993).

먼저 '가족지원망'을 보면, 평균크기가 작다. 그러나 다른 모든 지원망의 크기보다는 크다. 가족지원망은 가족원들 간에 강한 연계 관계를 갖고 노인에게 커다란 도움을 주는 밀도가 높은 지원망인 것으로 보인다. 지원망의 크기에 따라 지원 정도 등 변수들이 달라 진다고 보고된 바 있으나 본 연구에서는 이 관계가 뚜렷이 나타나 지 않았다. 이는 친밀한 가족관계의 맥락에서는 지원망의 크기가 별로 영향을 주지 못함을 시사한다. 사실 노인이 질병에 걸리거나 심한 장애를 가지게 되면 대개의 경우 한 사람의 가족성원(흔히 여 성)이 간병을 맡아 봉양하는데 이 경우 가족지원망의 크기는 더욱 작아질 수 있다.

가족지원망의 경우와 비교하여 이웃, 친구 및 협회지원망들은 그 크기가 더 작다. 그리고 대체로 느슨하게 연계되어 있고, 이에 참 여하는 사람 수도 적고, 지속기간이 짧고 받은 도움의 정도도 낮은 것으로 보인다.

그럼에도 불구하고 비친족지원망들(이웃, 친구, 협회)이 제공한 지원이 이들 도시노인들에게 중요하다는 것이 시사되었다. 예로 다 수 노인들이 친척지원망보다도 이웃·친구지원망과 더 자주 접촉 하였고 이들 비친척지원망으로부터 도움을 더 받았다.

노인들과의 접촉에 있어서는 역시 가족·친적지원망 성원들이 먼저 시작하였는데 이는 노인들에 대한 친족의 의무감과 존경심을 반영하는 것으로 본다.

노인들은 이웃·친구지원망과 교호적이고 평등한 상호 관계를 가졌는데 이러한 관계는 지속적이고 안정된 교환관계를 유지하는 데 적합한 관계라고 할 수 있다. 전통적으로 수직적 대인관계를 유지해 온 노인들에게는 상당히 괄목할 만한 생활태도라고 하겠다. 그런데 상호 교환적 관계는 병약하여 교환적 역할을 할 수 없는 노인에게는 적용될 수 없다. 이런 노인들을 부양하는 사람들은 대개의 경우 이웃이나 친척이 아니며 노인 자신의 가족원이다.

예측한 바와 같이 노인들과 가장 친밀한 관계를 유지한 지원망은 가족지원망과 친척지원망이다. 그러나 도움의 정도에 있어서는 역시 가족지원망이 다른 어떠한 지원망들보다도 더 많은 것으로 나타났다. 가족지원망에서는 친밀성이 하나의 중요한 변수이다. 친밀하다 함은 곧 사람을 사랑하고 그에게 관심을 가지며 신뢰를 함을 뜻한다. 그러나 친밀성이 안고 있는 문제는 (사랑이나 애정과 같이) 부모부양을 하는 과정에서 어려움이나 심한 스트레스에 부딪치면 감소되거나 없어질 수 있는 감정적인 것인 데 있다. 그래서 친밀성은 부모에 대한 의무감이나 책임성보다는 '약한' 변수라고 볼 수 있다.

연구결과가 보여 주듯이 노인들의 비공식적 지원망은 가족지원망을 핵심으로 하는 2차적인 지원망들(친족, 이웃, 친구, 협회)로 둘러싸인 모양을 하고 있는 것으로 보인다.

지원망이 노인들에게 제공한 지원 또는 도움의 정도는 접촉의 빈도, 지원망의 근접성 및 친밀성의 정도에 따라 달라짐이 시사되었다. 이 조건들은 노인과 가족원이 매우 가까이 또는 한집에 동거하는 경우에 성립될 수 있는 조건이다. 따라서 다세대 동거형태의 지원망이 노인에게 가장 도움이 될 수 있음을 짐작할 수 있다. 이러한 형태의 지원망은 다수(약 50%)의 한국인들이 아직도 지키고 있는 거주형태라고 할 수 있다. 이 형태는 전통적 부모부양을 실천하는 데 유리한 조건이라 하겠다. 노부모와 자녀가 별거하는 서구의 상황과는 대조적인 주거 형태이다. 예로 미국노인들은 고령화됨에 따라 점차적으로 자녀가족과 합치는 또는 복귀하는 경우가 흔히 있다. 자기가 낳아서 양육한 자녀와 떨어져 살다가 나이가 많아짐에 따라 이들을 찾아가 애정적 및 물질적 혜택을 서로 나누고 도움도 받으면서 임종을 하는, 즉 젊을 때 독립해서 살던 생활양태가 해체되는 과정이다. 이 과정은 노인이 취할 수 있는 자연적이고도 당연한 선택이라고도 할 수 있다.

이와 같은 가족지원망의 특성을 볼 때 부모에게 다양한 서비스를 제공하는 데 필요한 애정, 책임감 및 지원능력은 가족이 아닌 친척, 이웃, 친구 또는 협회와 같은 지원망이 갖출 수 없는 것이다. 다행히 노인들의 대다수는 아직까지 가족지원망을 가지며 이 가족지원망은 여전히 기능을 하며 탄력성을 유지하고 있는 것으로 보인다.

노인들의 거의 반수가 공공 프로그램을 이용하지 않았고 이에 대해 알지도 못하고 있었다. 가족지원망보다도 친척, 이웃, 친구 및 협회가 노인들이 프로그램을 이용하고 인식하도록 더 영향을 끼친 것으로 시사되었다. 비가족지원망은 사회가 제공하는 공식적 프로그램에 대해 노인들에게 공개적으로 추천해 주어 이용토록 종용해 주는 반면, 가족은 자기들의 죄책감이나 자녀로서의 책임을 다 못하는 데서 생기는 좌절감에서 공공 프로그램이용을 노부모에게 권하지 않았을 가능성이 있다. 사실 한국인들은 노부모를 포함한 가족성원의 문제를 가족 내에서 해결 못 하는 것을 수치스럽게 생각하며 외부에 알리지 않고 숨기면서 가족끼리 이를 해결하기 위하여 고통을 참고 희생을 감수하는 경향이 있다.

* 가족지원을 강화하는 문화적 요인

효행과 다세대 동거의 한국적 관행은 노인을 위한 가족의 비공식적 지원을 강화해 준다. 한국인들의 가족 중심적 부모부양의 관행은 효이념에 그 뿌리를 두고 있다. 한국인들은 부모를 존경하기 위하여, 부모에 대한 애정 때문에, 부모에 대한 은혜를 갚으려고, 부모에 대한 책임을 느껴서, 가족을 화합하기 위하여, 부모를 위해 나를 희생하려고 효행을 한다. 즉, 가족을 하나의 질서 있는 화합체로 이루어 부모를 봉양해 드리는 것이다. 이런 식으로 많은 한국인들은 가족지원망을 통해 부모에게 부양서비스를 제공하면서 효도하려는 노력을 하고 있다. 한편 부모도 자녀들을 위해 자기들의 마음과 물질을 바친다. 교호적인 관계가 부모와 자녀 사이에 진행되고 있는 것이다.

앞서 지적한 바와 같이 노인들의 다수가 자녀와 살고 있다. 우리는 전통적으로 노부모와 자녀가 동거하면서 서로 의지하고 도와가며 생활하는 문화적 패턴을 기호해 왔다. 이러한 사회적 기호와 사회에서 작용하는 압력으로 말미암아 얼마 전까지만 해도 한국정부는 양로원과 노인요양원을 본격적으로 확장, 증설하는 정책을 실시하지 못했었다. 한국인들은 형편이 닿는 한 부모와 자녀의 동거 생활양태를 좋든 싫든 수렴하고 있으며 이러한 생활양태를 권장하는 방향으로 친족 또는 집안의 압력이 여전히 작용하고 있다. 이러한 전통적 관행과 사회적 영향력은 사회적 변동에서 오는 충격을 중화 내지 해소하는 긍정적인 역할을 한다고 본다.

* 보완적인 서비스의 개발

가족지원망이 안고 있는 과제는 가족과 동거하며 가족에 대한 의존도가 매우 높은 노인을 부양하는 가족이 지는 부담과 어려움을 어떻게 줄이느냐는 것이다.

밀접한 인간관계를 갖는 사람들 사이에 흔히 있는 높은 긴장, 가족바깥의 서비스이용을 막는 성향, 전문적 서비스를 제공하지 못하는 문제 등 비공식적 집단이 안고 있는 제한점들을 가족지원망에서 엿볼 수 있다. 그리하여 상당수의 노인들이 자녀들과 함께 살면서도 적절한 도움을 못 받으며 고독을 느낀다고 토로하였다.

이러한 비공식적 지원망이 안고 있는 문제들을 해소하고 지원망들, 특히 가족지원망의 역할을 보완하는 방안을 강구할 필요가 있다.

오늘날 다수 노인들(보호를 해 주는 가족이 없는 노인들은 물론)이 공공기관이 제공하는 여러 가지 서비스를 필요로 하고 있다. 예로 부양자를 위한 상담, 간병자를 위한 훈련, 노인을 위한 탁노서비스, 사회서비스, 재정적 지원, 가정보건서비스, 건강교육, 기타 전문기관이 제공하는 서비스들이다. 앞으로 가족지원망이 오랫동안 부모부양을 하도록 돕기 위해서는 가족들에게 이러한 서비스(보완적 서비스)를 제공해 주어야 한다. 그래서 노인에게 제공되는 서비스는 곧 가족을 위한 서비스가 되기 때문에 더욱 값이 있는 지원방법이다.

노인들이 사회복지 프로그램을 이용한 정도가 매우 낮았다. 이렇게 저조한 서비스이용도는 서비스의 질과 전달방식에 어떤 문제가 있음을 시사한다. 오늘날 한국이 보유하는 경제력, 발전된 인적 자원 그리고 인간주의적인 문화적 전통을 감안할 때 다른 복지국가들로부터 노인복지기술을 계속 도입해서 노인복지서비스를 보다 효과적, 효율적으로 개발해 나가야 할 것이다. 그리고 운용 중에 있는 프로그램에 대해서는 널리 홍보를 해야 한다.

가족적 수준에서, 예로 한국주택공사가 다세대 동거를 위한 아파트를 설계, 건축해서 실험한 바 있다. 한 아파트 안에 자녀와 노부모가 따로 살 수 있도록 방을 마련해 보았고 같은 동에 부모와 자녀의 아파트를 따로 마련해서 가깝게 살도록 했으며 또 같은 아파트촌 안의 다른 동에 부모와 자녀가 각각 따로 살도록 설계한 것이다.

이웃－지역사회의 수준에서는, 예로 노인정을 비롯한 노인그룹을 민간단체와 정부기관이 동리마다 마련해서 이웃 노인들의 친목 및 휴식을 위한 장소로 이용하도록 하였다. 이런 모임들은 노인들의 비공식적 지원망을 형성하게 한다.

지원망이 없고 의지할 곳이 없는 노인들을 위해서 노인복지기관들이 정부와 비영리단체들의 지원으로 홈헬퍼프로그램 등 비교적 다양한 서비스를 제공하고 있다.

한국인의 인간관계지향적인 성향과 노인을 존경하는 전통적 관습은 노인과 이들 프로그램 사이에 깊은 인간적 관계를 유지하는 데 도움이 되고 있다.

전국적인 수준에서는 노인부양과 관련된 전통적 이념과 관행을 보존권장 하기 위해서 민관이 합동하여 노력해 나오고 있다. 경로운동, 경로주간, 효행상 등의 제도는 이러한 전국적인 사회적 노력을 보여 주는 것이다. 이들 사회적 공작을 뒷받침하는 이념은 다름이 아니라 가족과 비공식적 집단들이 노인들을 위해 보다 역량이 있는 지원망을 형성하도록 권장하려는 것이다.

우리는 전통적 부모부양 가치와 부합되는 가족 중심적 지원망을 유지, 발전해 나가면서 합리적이고 효율적인 공식적 복지서비스를 제공할 새로운 시대적 사명을 수행해야 한다.

* 지원망의 활용을 위한 건의

비공식적 지원망은 앞으로 부모부양을 해 가는 데 어려움을 겪는 가족의 지원기능을 보완하고 노인문제를 예방하는 개입방법으로서 널리 활용되어야 하겠다.

이러한 취의에서 지원망은 다음과 같은 구체적인 목적에 적용될 수 있다.

첫째, 노인들의 고독과 소외문제를 극복하도록 도울 수 있다.

둘째, 개인과 가족문제(생활위기 등)를 극복하도록 도울 수 있다.

셋째, 지역사회 내의 노인을 위한 각종 서비스 및 편익에 대한 지식과 정보(접근방법, 이용절차 등)를 제공하여 이를 이용하도록 할 수 있다.

지원망을 활용하기 위해서는 다음과 같은 연구도 해 나가야 할 것이다.

* 기능을 못 하는 지원망을 가진 노인들 파악
* 지원망을 보존, 강화하는 방법 강구
* 필요할 때 지원망을 만드는 방법 연구
* 지원망이 서비스를 전달하는 기법과 절차 연구
* 복지요원과 협동 작업하는 지원망의 특성 분석
* (지원망을 활용하는) 기관의 종류, 고객 및 지역사회의 특징 파악
* 지원망과 공식적 서비스를 연결하는 절차 연구
* 지원망과 복지기관이 합동해서 잘 다룰 수 있는 문제 파악
* 노인, 가족 및 이웃을 위해 지원망을 활용하는 전략 개발
* 지원망이 전문적 서비스를 대치할 가능성 연구
* 지원망의 효과성 평가방법 연구

노인복지증진을 위해 지원망을 보다 발전적으로 활용하도록 위와 같은 사항들을 연구하여 지원망개입방법을 개발하여 이 방법의 활용에 관한 한국적인 자료를 축적해 나가야 하겠다.

끝으로 이 장에서 소개한 결과를 시설의 노인들과 농어촌거주 노인들에게 적용하는 데 있어서는 신중을 기해야 한다. 이러한 제한점이 있지만 본 조사에서 나타난 사실들은 가족중심의 비공식적 지원망이 노인의 안녕을 증진하는 긴요한 방편이 되며 이런 지원망의 특성과 기능에 관한 자료가 정책수립가들과 노인복지사업기획자들에게 도움이 될 수 있음을 시사하고 있다.

9장

변하는 가족과 부모부양

부모를 존경하여 보살피고 지원하는 관습은 가족을 중심으로 가르치고 실행되어 왔다. 앞으로도 가족이 이 관습을 가르치고 실천하는 중심이 되어 갈 수 있을까?

우리 사회가 급속히 산업화되고 도시화되는 과정에서 가족의 구조와 역할은 변화 내지 수정돼 가고 있다. 이런 변화로 인하여 노부모부양은 심각한 사회적 과제로 등장하였다.

가족의 크기가 현저히 줄어들었으며 가정 바깥에서 일하는 여성 수가 증가하였고 상당수의 젊은 사람들이 시골에 노부모를 남겨 두고 도시로 이주하였다. 이에 겹쳐 노인인구는 증가하고 있다. 앞으로 15년 후에는 한국인의 평균수명이 80세 이상이 되고 65세 이상 고령자의 비율이 14%로 늘어날 것으로 추정하고 있다. 이러한 변동은 노인과 가족에게 여러 가지 문제들을 안겨 주고 있다.

[이 장에서 소개하는 인구학적 및 통계 자료는 이 책 다른 장들에서 이미 소개한 바 있어 그 출처를 지적하지 않았음.]

우리가 당면한 가장 어려운 문제들 가운데 하나는 가족의 노부모 지원이 줄고 있다는 사실이다. 이는 곧 노부모의 복지와 안녕을 저하시키는 난처한 결과를 가져오는 문제다. 과거에는 생각지도 못한 도의적인 문제가 대두한 것이다.

그리하여 전통적 효를 다시 강조하고 사회복지 서비스를 제공함으로써 가족의 노인부양 능력의 감퇴를 막아야 한다는 소리가 높아지고 있다.

이 장에서 다루는 과제들은 부모와 떨어져 사는 가족과 동거하는 가족이 부모를 부양하는 시대적 상황, 변하는 가족들이 필요로 하는 것, 노인을 위해 국가가 지원하는 공적 서비스의 개발, 전통적 노인부양의 가치인 효의 지속적 영향, 다른 나라에서 진행되고 있는 노인지원에 대한 비교문화적 고찰의 필요 등을 포함하고 있다. 끝으로 가족지원의 방향에 대한 소견을 논하고 장래 연구를 위한 몇 가지 과제들을 제안하고자 한다.

| 가족과 부모부양

우리나라에서 가족이 노부모를 부양하는 형태를 크게 두 가지로 나눌 수 있다. 하나는 가족이 노부모와 떨어져 살면서 이분들을 지원하는 경우이며 다른 하나는 노인과 같이 살면서 부양하는 경우이다.

별거하면서 부양하는 것은 산업화가 가져다주는 가족생활 형태라고 볼 수 있고 동거하면서 부양하는 것은 우리의 전통문화에 뿌리를 둔 거주형태이다.

가족은 어른을 비롯한 가족원들을 부양하고 보호하는 중요한 역할을 한다. 저자가 한 조사에 의하면 90% 이상의 노인들이 필요할 때 도움을 요청하는 대상이 그분들의 가족이라고 응답하고 있다. [이 경우 가족이라 함은 단위가구 내에서 노인과 거주하는 또는 분산되어 있는 복수 가구에 사는 노인의 배우자, 결혼한 아들과 며느리, 결혼한 딸, 미혼 자녀들로 이루어져 있다.] 성인 자녀는 노부모를 부양하는 데 주도적 역할을 한다. 총괄적으로 보아 우리나라에서는 동거하는 가족들은 물론 분산된 가족들도 대다수가 어른을 비롯한 가족원들과 서로 긴밀한 관계를 유지하면서 상호 지원하고 있다.

| 분산된 가족과 부모부양

가족이 멀리 떨어져 사는 현상은 우리 사회에서 벌써 오래전부터 있어 왔다. 직장과 교육 때문에 다수의 자녀들이 노부모를 고향에 남겨 두고 외지에서 살고 있다. 어떤 부모들은 자기들의 사생활과 편의를 위해 자녀와 떨어져 살기도 한다.

한국인들은 지난 수십 년 동안 전 세계에서 가장 커다란 인구이동을 경험하였다. 농촌으로부터 도시로의 일방적인 이동이었다. 오늘날 많은 농촌에는 주로 노인들과 장애인들이 남아 있다. 이상하게도 농촌에서보다도 도시에서 자녀들과 거주하는 노인들이 더 많다.

지리적 이동은 핵가족화를 촉진하고 노부모와 떨어져 사는 자녀수를 증가하는 주요인이 되고 있다. 결과적으로 혼자 사는 노인과 배우자와 사는 노인의 수가 급증한 것이다(권중돈, 2004). 이러한 변동은 우리 가족들이 분산되었음을 알려 준다.

다행이 국토가 좁은 탓으로 대다수 노인들은 자녀와 비교적 가까운 거리에서 살고 있다. 장기 부양이 필요한 한국노인들의 반 이상이 한 시간 이내 거리에 살고 있다.

하지만 떨어져 살면 부모자녀 사이에 접촉, 교환 및 지원이 줄어든다. 사실 자녀와 멀리 떨어져 사는 노인들은 경제적, 보건의료적, 사회적, 심리적 문제들이 자녀와 동거하는 노인들보다도 더 많은 경향이다.

그러나 한국의 대다수 자녀들은 떨어져 살면서도 부모와 자주 만나고 부모에 대한 자녀의 책임을 수행하고들 있다. 물론 별거 생활로 인하여 지원을 충분히 못 하는 경우가 생기지만 대다수의 노부모들은 재정적 지원을 포함한 각종 지원을 가족으로부터 받고 있는 것으로 나타났다. 인상 깊게도 며느리들의 대다수는 시부모와 떨어져 살면서도 이분들에게 정서적 및 물질적 지원을 제공하고 있다.

부모와 자녀의 거주형태를 다음과 같이 분류할 수 있다.

* 부모가 자녀 바로 옆집에 사는 경우
* 부모와 자녀가 같은 마을에 사는 경우
* 부모가 국내에서 자녀와 멀리 떨어져 사는 경우
* 부모가 외국에 사는 자녀와 떨어져 있는 경우
* 부모가 치매 또는 만성질환으로 시설에 수용되어 있는 경우

앞서 소개한 바와 같이 저자는 위의 각각의 형태에서 성인 자녀가 노부모를 지원하는 상황을 조사해 보았다. 비록 거리상으로 떨어져 살고는 있지만 대다수 성인 자녀들은 방문, 전화, 편지, 재정지원, 선물 등을 하면서 정서적이고 수단적인 지원을 부모에게 제공하고 있다. 장남과 그의 동생들이 합심, 협력하여 각종 자원을 모아 떨어져 사는 부모를 지원한다. 발전된 교통수단, 전신기기, 사회 및 의료 서비스는 이들의 부모지원 활동을 돕고 있다.

| 동거하는 가족과 부모부양

다수의 자녀들은 이직도 부모와 동거하고 있다. 한집에서 가족이 동거한다 함은 조부모, 부모, 성인 자녀가 함께 살면서 서로 돕는 가족생활을 말하며 이런 주거 형태는 오랜 세대에 걸쳐 전해 온 전통적 관습이다. 우리의 가족은 정서적 및 수단적으로 서로 의존하면서 밀접한 인간관계를 유지하는 상호부조체계이다. 좋든 싫든 성인 자녀들은 이러한 주거 형태를 수용하는 경향이며 또 이들이 이런 형태를 유지하도록 어느 정도의 사회적(친족, 이웃의) 기대와 압력이 아직도 작용하고 있는 실정이다.

그리하여 60세 이상 노인들의 약 반이 고도로 도시화된 서울에서 자녀와 동거하고 있다. 앞서 지적하였지만 장기보호가 필요한 지체장애 노인의 경우 52%가 그들의 배우자, 44%가 그들의 자녀, 그리고 13%가 그들의 미혼자녀와 동거하고 있다. 따라서 가족지원이 필요한 노인의 57%가 자녀들과 동거하고 있는 셈이다.

이렇게 부모와 자녀가 동거하는 것은 주택부족이나 경제문제 때문이라고 하기보다는 부모와 자녀가 우애와 책임감을 바탕으로 상호 지원하는 사회적 관습 때문인 것으로 보는 것이 옳다고 생각한다.

동거현상은 오랜 세월 동안 지속되어 온 효와 관련된 문화적 영향력이 아직도 작용하고 있음을 나타내는 것이다.

| 효의 지속과 변화

노부모를 위해 분산된 가족이 하는 지원이나 동거하는 가족이 하는 지원은 다 같이 한국적인 문화적 맥락에서 진행되고 있다. 효는 젊은 사람들의 부모와 어른에 대한 태도와 행동을 조정하는 가장 중요한 가치로 여전히 작용하고 있으며 오늘날 어른을 위한 각종 정책 수립에도 상당한 영향을 끼치고 있다. 효는 가족을 중심으로 부모를 부양하고 지원하는 가치이며 실천인 것이다. 즉 부모부양을 위해 가족성원들이 화합을 이루면서 책임을 수행하는 것이다. 이러한 한국인의 가족 중심적 생활은 서양인의 경우와 다르다. 서양인의 자기중심적 결정, 독립적 생활, 개인의 존엄성 존중, 개인의 성공, 개인의 안녕 등을 중시하는 생활과 대조가 된다.

우리는 서로 돕고 서로 의존하는 가족지원망 속에서 부모를 지원하려 노력한다. 효도를 한다 함은 구체적으로 다음과 같은 행동을 함을 의미한다.

즉, 부모로부터 받은 은혜를 갚고, 부모를 존경하고, 자녀의 책임을 다하고, 부모를 중심으로 가족의 화합을 도모하고, 부모를 위해 마음과 힘을 다하고, 부모에게 애정을 갖는 것이다.

저자의 조사에 의하면 수입이 적은 성인 자녀의 경우 부모부양을 위해 희생하는 정도가 수입이 많은 사람들보다 더 높았다. 이 사실은 노부모를 부양하는 어려운 자녀에게는 사회적 지원이 제공되어야 함을 지적하고 있다.

효행 항목들 중에서 부모에 대한 존경이 가장 강조되고 있다. 존경은 부모를 보호, 부양하고 지원하는 뜻을 포함하고 있다. 노년학의 석학인 Streib는 사회문화적 맥락에서 중국과 미국 사이의 차이가 있음을 지적하였다. 그중 하나가 어른에 대한 존경이다. 그는 중국인은 어른에 대한 존경을 자동적으로 표현하며 서양인보다도 어른을 더 잘 대우한다고 하였다. 앞서 소개한 Palmore와 Maeda도 일본에서는 어른존경이 사회구조 속에 깊이 뿌리박혀 있다고 보았다. 특히 부모와 자녀 관계 그리고 조상에 대한 관계에 있어 그러하다는 것이다. 이러한 연구보고들은 한국에도 거의 그대로 적용된다고 본다. 뿐만 아니라 한국에서는 일본과 중국의 경우와 마찬가지로 어린이 때부터 부모, 선생, 어른에게 정중히 예의 바르게 행동할 것을 배우고 있다.

근년에 이르러 어른부양과 관련된 전통적 가치를 고양하기 위해 한국, 일본 및 싱가포르를 비롯한 중국인 사회에서 정부와 민간이 합동하여 여러 가지 사업을 진행하고 있다. 노인존경을 위한 사회운동, 노인을 위한 각종 사회서비스와 보건의료서비스의 제공, 노인의 날과 노인존경 주간의 실시, 노인복지법과 부모부양책임법의 제정, 효행상 시상 등은 그 예이다(한국에서는 정부(보건복지가족부)와 민간기업이 설정한 삼성복지재단과 아산재단이 각각 전국적인 규모로 효행상을 시상해 오고 있다.). 모범적으로 효도를 한 사람들에 대해서는 텔레비전, 신문 등 공중매체와 교육기관을 통해서 뉴스, 기록보도, 연극, 문학작품의 형태로 널리 보도되고 있다. 이러한 사회적 노력은 전통적 부모－어른 부양을 재강조하려는 사회적 노력과 의욕을 반영하는 것이다.

그러나 오늘날 효를 표현하는 방식이 달라지고 있다. 젊은 세대는 서로 도움을 주고받는 바탕에서 노인을 지원하려는 경향이 있다. 이러한 동향은 곧 세대 사이의 지원관계가 권위주위적이고 가부장적인 형태로부터 동등하고 교호적인 형태로 변하고 있음을 시사하는 것이다. 사실 전통적인 가르침에 따르면 효는 바로 어른과 젊은 세대가 서로 교호적으로 보살피고 존중하는 것으로 되어 있다. 즉 부모는 자녀를 애정으로 양육하며 이에 대해 자녀는 부모를 존경하며 부양하는 것이다.

급격한 사회변동에도 불구하고 효는 여전히 동아시아의 중심적인 가치로 남아 있으면서 부모와 자녀가 서로 보살피는 관계를 갖도록 영향을 끼치고 있다. 저자의 조사에 의하면 이를 반영하듯 한국의 젊은이들의 대다수는 노부모를 부양해야 한다고 믿고 있으며 일본과 중국의 젊은이들도 역시 자녀는 부모를 부양할 책임이 있다고 보고 있다.

이러한 문화적 특성은 동아시아 3국이 가지는 공통점이라고 볼 수 있다.

동아시아 사람들은 사회적 변동에 맞서 가족지원의 이념적 바탕이 되는 전통적 효의 가치를 음으로, 양으로 보존하면서 새 시대에 알맞은 어른부양 방법을 모색하고 있다.

| 공공 사회복지 서비스의 개발

정부의 사회복지 정책의 기본방향은 가족의 자체 지원(가족 스스로가 노부모를 비롯한 가족원을 보살피는) 기능을 강화시키는 데 있다. 정부가 가족에게 복지에 대한 책임을 상당한 정도로 떠맡기기 때문에 공공복지는 경제발전에 비하여 발전의 속도가 느린 편이다. 그러나 정부가 약화하는 가족의 노인지원 능력을 보완해야 할 필요성이 점차 커지고 있다. 특히 부모와 떨어져 사는 가족이 노부모에게 서비스를 제공하는 방안을 강구해 줄 필요성이 매우 크다. 정부는 저소득 가족과 분산되어 사는 가족을 위해 복지서비스를 전면적으로 다양화하고 확장하는 데 힘써야 하겠다.

이러한 필요성에 대비해서 정부는 그동안 노력은 해 오고 있다. 노인복지정책의 과제가 제시되었고(가족의 자체지원능력 증대 지원, 빈곤한 가족에 대한 공공 서비스 제공 및 현금 급여), 법률을 제정하였고(노인부양책임법, 장기요양법 등), 사회보장 방법을 실시하고(연금, 국민의료 보험, 노령수당, 세금 면제 등), 공공 서비스를 제고하고(노인을 부양하는 가족에게 주택구입에 우선권과 융자를 제공, 민간이 운영하는 노인요양원의 증설, 노인병원 증설, 치매노인요양원, 직장 알선, 재택 보호, 시설 보호, 평생 교육 등), 여가 프로그램과 노인 휴양지 개발 등을 하고 있다. 해마다 이들 사업을 위한 예산을 증액해 오고 있다. 한편 노인의 권익을 보장하는 대한 노인회 등 민간단체들은 노인에게 혜택을 주는 정책과 법을 통과 시키기 위해 국회를 중심으로 로비활동을 전개하고 있다.

정부의 힘만으로는 자체지원 능력이 약화된 핵가족과 분산된 가족에게 충분한 지원을 제공하기가 어렵다. 정부의 노력과 함께 가족 스스로가 노인을 부양하는 복지체계로서 기능하도록 지원을 해줄 필요성이 커지고 있는 것이다.

오늘날엔 자녀들과 동거하는 노인까지도 여러 가지 서비스가 필요한 실정이다. 예로, 주간보호서비스, 거택보호서비스, 사회서비스, 부양자를 위한 상담 및 교육 등이다. 특히 분산된 가족이 장기간 부모부양을 할 수 있도록 이러한 서비스들을 제공해 주어야만 하겠다. 발전도상에 있는 우리의 사회복지제도를 보완하는 데 가족이 커다란 역할을 한다는 사실을 우리는 다시 한 번 인식할 필요가 있다.

| 자녀의 책임 수행: 한국과 미국의 비교

노인에 관한 비교문화적 연구는 아직까지 별로 이루어지고 있지 않다. 그러나 한국과 미국의 부양자들을 비교한 연구는 몇 개 있다. 이들 연구는 규모가 작은 연구이기는 하지만 두 나라 사이의 차이점을 가려내어 참고가 될 만한 정보를 제공하였다.

저자는 한국의 자녀가 부모를 공경하는 동기와 미국 자녀의 부양동기를 비교해 보았다. 양쪽의 비교집단들은 모두가 허약하고 장애가 있는 노부모를 거택 보호하는 성인 자녀들이다. 이 연구에서 두 집단들이 똑같이 지적한 부양동기는 부모에 대한 애정, 책임 및 은혜보답이었다. 그런데 한국인 부양자들은 미국인들보다 부양동기를 세 가지 더 많이 지적하였다. 즉, 미국인들이 지적하지 않은 부모에 대한 존경, 부모를 중심으로 한 가족의 화합 및 부모를 위한 희생을 더 보탠 것이다. 한국인에게서만 발견된 이 세 가지 동기들은 곧 노인에 대한 존경, 가족의 단합, 전체 가족을 위한 개인의 기여 등 한국의 가족 중심적이고 효를 바탕으로 하는 문화적 전통을 반영하는 것이다. 이러한 연구 결과는 두 나라의 공통점과 아울러 차이점을 제시하고 있으며 부모부양에 대한 태도에서 문화적 차이가 있음을 알려 주고 있다.

저자는 치매증을 앓고 있는 부모를 부양하는 한국인 자녀와 미국인 자녀의 부모부양동기에 대해 비교 분석을 해 보았다. 두 비교집단에 속하는 성인들은 부모와 동거하고 있었다. 미국인 부양자들은 대부분이 딸이었으며 이들은 부모와 애정이 깊은 관계를 유지하고 있었으나 부모에 대한 책임감은 비교적 낮았다. 이와 대조적으로 한국인 부양자들은 대부분이 며느리였으며 시부모와의 관계가 친근하지 않은 편이었다. 그러나 이들은 미국 부양자들보다도 부모에 대한 책임성이 더 높았다. 그런데 한국 부양자들은 가족 밖으로부터의 각종 (공적) 서비스가 더 필요했고 미국 부양자들의 경우는 공적 서비스는 어느 정도 제공받았으나 가족원들로부터의 정서적 지원이 더 필요했다. 이와 같이 한국과 미국의 부양자들 사이에는 부양자들의 특성, 필요로 하는 도움, 효의 표현(책임성, 존경, 희생, 가족 화합 등)의 차이가 드러났다. 그런데 한국의 경우 대부분의 부양자들이 며느리이며 이들의 다수가 부양이 힘겨워 가족 외부로부터의 지원을 필요로 했으며 또 상당수가 시부모와 갈등관계를 가져 시부모를 부양하는 데서 보람을 느끼지 못하는 경향이었다. 이들 며느리들은 전통에 따라 좋든 싫든 시부모를 도와 나가고는 있었지만 근래에 와서는 노부모의 주요 부양자로서의 역할을 해 온 여성들이 가족 외부에서 활동하는 경우가 늘어가고 있으므로 앞으로 노부모부양문제는 심각한 국면에 접어들 것으로 보인다. 이러한 동향을 보아 노인을 부양하는 가족에게 필요한 각종 서비스들을 시급히 개발해서 제공해 주어야 하겠다.

| 비교문화적 연구의 필요성

우리는 같은 문화권 내에 있는 이웃나라들—일본, 중국, 대만, 홍콩 및 싱가포르 등 나라들—을 먼저 들여다보고 다음으로 유럽, 미국 등 서양문화권의 나라들을 비교 연구하는 것이 좋을 것 같다.

오늘날 한국은 다수의 전문인과 많은 경제적 자원을 가지고 있다. 이러한 인적 및 물적 자원을 활용하여 좀 더 적극적으로 비교문화적 연구를 할 수 있다고 본다. 다른 나라들과 다른 문화권들에 대한 비교 연구를 통하여 노인과 가족을 위한 다양한 정책, 프로그램 및 서비스를 우리보다 먼저 개발해서 시행한 나라들로부터 여러 가지 참고가 될 정보와 경험을 얻을 수 있다.

다른 나라들을 비교 연구하는 데는 여러 가지 조사방법 상의 어려움이 있다. 구체적으로 두 나라의 비교 대상들에 관한 조사에서는 같은 연구주제에 대해 같은 조사방법을 사용해서 자료를 모아 분석해야 하며 조사변수에 대해 같은 개념을 적용하고 변수를 측정하는 척도도 같아야만 한다. 즉 척도의 의미 또는 내용이 같아야 하고 이를 측정하는 도구가 같아야 한다.

노년학자들은 대체로 부모부양의 수단적이고 계량적인 측면에 관심을 갖고 정서적이고 질적인 차원, 즉 노인부양과 관련된 가치관, 규범, 이념에 대해서는 그만한 관심을 두지 않는 경향이 있다. 그러나 가치적 측면이 노인에게 제공할 서비스의 정도와 범위를 규정하고 이 서비스를 어떤 방식으로 전달하느냐는 사항에 이르기까지 커다란 영향을 끼칠 수 있다는 사실에 주목해야 한다. 따라서 외국의 정책과 프로그램을 비교 연구하는 데는 양적 차원은 물론 질적 차원도 함께 탐사해야 하겠다.

| 논의 및 결론

우리는 서양 사람들보다 부모자녀 관계가 공고하고 상호 지원적 가족망을 가졌고 국토가 작아 접촉이 쉽다는 등의 장점이 있다. 이 때문에 우리는 가족의 안정을 유지하고 고령의 가족원을 부양하는 데 유리하다. 그래서 우리는 산업화와 도시화에도 불구하고 높은 수준으로 부모를 지원해 나갈 수 있을 것이다.

앞으로 한국은 두 가지로 노인 지원을 해 나가는 방향을 잡아야 할 것이다. 하나는 현대화한 효를 바탕으로 비공식적 가족지원을 계속하는 것이고 또 하나는 현대적 사회복지 이념에 입각해서 노인에게 공적 사회복지 혜택을 제공해 나가는 것이다. 즉 가족 자체의 노력과 국가의 가족지원 노력이 병행, 통합되어 진행되어 나가는 것이다.

가족의 분산 및 동거 현상은 앞으로도 계속될 것으로 본다. 왜냐하면 직장을 찾고 학업을 하는 사람들은 속출될 것이며 부모와 동거하는 자녀들도 이어질 것이기 때문이다. 현대화 과정에서 한국의 문화적 특성은 지속되고 있다. 따라서 현대화를 논의하는 데 있어이 나라의 역사적 및 문화적 특이성을 고려할 필요가 있다. 이 특이성의 한 가지 지표는 바로 효의 전통이다.

한국의 인구학적 변동에 비추어 앞으로 가족과 국가는 노인들에게 오랜 기간에 걸쳐 보호와 지원을 제공해야 할 것이다. 노부모를 지원할 책임은 늘어만 갈 것이다. 노년학자들이 다루어야 할 중요한 과제는 어떤 방법으로 이 책임을 수행하느냐는 문제인 것으로 본다. 이 과정에서 효는 중요한 문화적 영향력으로서 이 책임 수행을 용이하게 하는 저력(底力)이 될 것이다.

끝으로 특히 다음 과제들에 대한 연구가 있기를 바란다.

* 부모부양의 필요성은 노부모와 자녀의 개인적 특성 및 상황적 변수(동거 또는 별거, 거주지, 세대 간의 관계, 재산, 외부의 공적 서비스의 입수 가능성 등)에 따라 어떠한 차이가 있을까?

* 효를 표현하는 방식이 어느 정도로 또 어떤 형태로 변하는가

에 대한 자료가 희소하다. 분산된 가족과 동거하는 가족에 적
합한 효의 표현방식은 무엇인가?

* 가족과 학교가 청소년에게 행하는 효에 대한 교육은 효의 전
통을 유지하는 데 어느 정도의 효과를 내는가?

참고문헌

[국내문헌]

김익기·김동배·모선희·박경숙·원영희·이연숙·조성남, 1999, 한국
　　노인의 삶, 미래인력연구회.
논어(論語), 1994, 이기석, 한용우(역해), 홍신문화사, 學而篇.
리(李) J. Y. & 동(董) S. Y., 2003, 董永與孝文化, Jinan, China:
　　Gilushushe.
맹자(孟子), 1994, 이기석·한용우(역해), 離婁章句上.
명심보감(明心寶鑑),1994, 유상균·김의현(교주), 명지대학교출판부, 孝
　　子 篇.
민기채·이정화, 2008, 비공식적 관계망에 대한 지원제공이 노인의 정
　　신건강에 미치는 영향, 한국노년학, 28(3), 515 – 533.
박인덕, 1979, 한국가정생활의 가치관에 관한 연구, 숙명여자대학교 가
　　정학과.
박조은, 1985, 산업화와 가부장재 – 한국사회 어디로 가고 있나, 현대사
　　회연구소.
박종홍, 1969, 퇴계의 인간과 사상, 세계, 국제문화연구소. 성경(기독교).
부모은중경(父母恩重經), 1994, 권오석(역해), 홍신문화사.
배진희, 2004, 농촌지역노인의 사회적 지지와 생활만족도: 자녀와 이웃
　　지원의 기능적 측면을 중심으로, 사회복지정책, 12, 197 – 216.
성경(Holy Bible).
성규탁, 1995, 새 時代의 孝, 연세대학교 출판부.
성규탁, 1998, 현대한국인이 인식하는 효: 척도와 차원, 한국노년학, 14(1),
　　50 – 68.
성규탁, 2005, 현대한국인의 효,집문당.
성규탁, 2001, 어른존경에 대한 탐험적 연구, 한국노년학, 21, 2, 125 – 139.
성규탁, 2000, 노인을 위한 가족의 지원 – 비교문화적 고찰, 사회복지,

145, 175 – 192.

송복, 1999, 동양의 가치란 무엇인가: 논어의 세계. 미래인력연구센터.

신용하, 2004, 21세기 한국사회와 공동체문화, 지식산업사.

신용하, 2000, 한국민족의 형성과 민족사회학, 지식산업사.

신용하·장경섭, 21세기 한국의 가족과 공동체 문화,집문당, 1996.

안진오, 1982, 효사상의 재정립을 위한 일고찰, 인문과학연구, 전남대학.

예기(禮記), 1993, 권오순(역해), 홍신문화사.

유승국, 1995, 효와 인륜사회, 효사상과 미래사회, 한국정신문화연구원, 1-16.

윤사순, 2008, 퇴계이황, 예문동양사상연구원.

율곡전서(栗谷全書),1985, 한국정신문화연구원, 卷27, 擊蒙要訣 序文.

이광규, 1990,한국가족의 사적연구, 일지사.

이상은·이병도, 1976, 韓國의 儒學思想: 退溪集/栗谷集, 삼선출판사.

이영민, 1985, 한국도시사회의 가족주의, 연세대학교대학원.

이정덕, 1981, 우리나라의 이상적 가족상에 대한 신구세대의 가치관 비교 연구(1), 성곡논총, 서울: 성곡재단.

이정화·한경혜·박공주 & 이한기, 2003, 사회적 환경으로서의 지원망 특성이 농촌노인의 심리적 복지에 미치는 영향, 농촌계획, 9(3), 1 – 7.

이효재, 1971, 도시인의 친족관계, 서울: 한국연구원.

전혜정·장덕민, 2003, 여성노인의 비공식적 지원제공과 정신건강: 심리적 매개과정을 중심으로, 노인복지연구, 22, 151 – 173.

채무송, 1985, 退溪栗谷 哲學의 比較研究, 성균관대학교 출판부.

최근덕, 1995, 효의 오늘과 내일, 효사상과 미래사회, 한국정신문화연구원, 77 – 102.

최재석, 1994, 현대가족연구, 서울: 일지사.

한국효행실록, 1986, 서울: 한국노인문제연구소.

한남재, 1997, 한국가족제도의 변화, 서울: 일지사.

황진수, 1995, 한국노인의 복지행정의 전달체계, 박재간 외편, 고령사회의 위기와 도전, 463 – 488.

홍승직, 1969, 한국인의 가치관 연구, 서울: 고려대학교출판사.

효경(孝經), 1989, 박일봉(편역), 육문사, 第1章
효적고사(孝的故事), 1997, Singapore: Asiapac Publication.

[외국문헌]

Allan, G.(1986). Friendship and care for the elderly. *Aging and Society*, 6, 1 – 12.

Antonucci, T. C., & Kahn, R. L.(1993). *Social Network in Adult Life, 1980{U.S.A.}.* Inter – University Consortium for Political and Social Research, Univ. of Michigan.

Aquinas, T.(1981). *Summa Theologica.* Westminster, Maryland: Christian Classics(gratitude and friendship).

Caudill, W.(1973). The influence of social structure and culture on human behavior in modern Japan. *Ethos*, 1, 343 – 382.

Cho, H.(1989). *Male Doyminance and Mother Power: The Two Sides of Confucian Patriarchy in Korea*, Paper for the Workshop on the Psycho – Cultural Dynamics of the Confucian Family: Past and Present, Yongpyong, Korea, September 15 – 19..

Climo, J.(1992). *Distant Parents*, New Brunswick, NJ: Rutgers University.

Cohn – Sherbok,D.(2003).*Judaism: History, Belief and Practice.*New York: Routledge.

Gallo, F.(1984). Social support networks and the health of elderly persons. *Social Work Research & Abstracts*, 8, 13 – 19.

Kant, I.(1964). *Doctrine of Virtue: Part Ⅱ of The Metaphysics of Morale*, trans. M. J. Gregor, New York: Harper.

Lee, Y. R., & Sung, K. T.(이윤로, 성규탁). (1997). Cultural differences in caregiving motivations for demented parents: Korean caregfivers and American caregivers, *InternationalJournal of Aging and Human Development*, 44, 115 – 127.

Legge,J.(trans.) (1979 – 85). *Li Chi,Sacred Books of the East*, Ⅰ & Ⅱ.London:

Oxford.

Novick, L. J.(1990). Jewish ethics and family responsibility for the elderly. *Journal of Jewish Communal Service*, 66, 387 – 391.

Ohliner, P. M., & Ohliner, S. P.(1995). *Toward Caring Society*. Westport, CT: Praeger.

Post, S. G.(1989). Filial Morality in an Aging Society. *Journal of Religion & Aging*, Vol.5, pp. 15 – 29.

Sidgwick, H.(1983). Filial Morality. *The Journal of Philosophy*, 83(8), 144.

Sung, K. T.(1994). Cross – cultural comparison of motivations for parent care. *Journal of Aging Studies*, 8, 195 – 209.

Sung, K. T.(1995). Measures and dimensions of filial piety in Korea. *The Gerontologist*, 35, 240 – 247.

Sung, K. T.(2005). *Care and respect for the elderly in Korea: Filial piety in modern times in East Asia*. Seoul: Jimoondang.

Sung, K. T.(2007). *Respect and care for the elderly: The East Asian Way*. Lanham, MD: University Press of America. Lanham, MD: University Press of America.

Sung, K. T., & Kim, B. J.(2009). *Respect for the elderly: Implications forhuman service providers*. Lanham, MD: University Press of America.

Teaching of Buddha.(1984). Buddhist Promoting Foundation. Tokyo: Bukkyo Dendo Kyokai.

Waerness, K., and Stein, R.(1986/87). Women in the Welfare State: The Case of Formal and Informal Old – Age Care. *International Journal of Sociology*, Vol. 16, pp. 161 – 173.

Ward, R. A. (1985). Informal networks and well – being in later life: A research agenda. *The Gerontologist*, 25(1), 55 – 61.

Wenger, G. C. (2002). Using network variation in practice: Identification of support network type. *Health and Social Care in the Community*, 10, 28 – 35.

Yoon, H. S., & Cha, H. B.(1999). Future issues for family care of the elderly in Korea. *Hallym International Journal of Aging*, 1(1), 78 – 86.

찾아보기

성규탁(成圭鐸) ···
[sung.kyutaik@gmail.com]

▌약력

충북 청주중고등학교 졸업
서울대학교 문리과대학 및 대학원 졸업
미국 미시간대학교(앤아바) 사회사업학 석사
미국 미시간대학교(앤아바) 사회사업학 및 정치학 박사
(전) 미국 위스콘신대학교(매디슨) 사회사업대학원 교수
연세대학교 사회과학대학 사회복지학과 교수(초대학과장)
연세대학교 사회복지연구소 초대소장
미국 시카고대학교 Fellow(동아시아가족연구)
미국 미시간주립대학교 사회사업대학원 교수
미국 남가주대학교 사회사업대학원 석좌교수
미국 미시간대학교 사회사업대학원 초빙교수
Elder-Respect, Inc.[www.elder-respect.org] 대표
효문화연구소 소장
(전) 한국사회복지학회 회장, 한국노년학회 회장.

▌저 서

국내

『새 時代의 효』, 연세대학교출판부(연세대학술상 수상)
『새 시대의 효 Ⅰ』, 문음사(아산효행상 수상)
『새 시대의 효 Ⅱ』, 문음사(문화공보부 추천도서)
『새 시대의 효 Ⅲ』, 문음사
『현대 한국인의 효』, 집문당(학술원선정 우수학술도서)
『사회복지행정론』, 법문사
『사회복지조직론』, 박영사
『산업복지론』, 박영사 외 다수

국외

Care and respect for the elderly in Korea: Filial piety
    in modern times in East Asia. Seoul: Jimoondang, 2005.
Respect and care for the elderly: The East Asian Way
    Lanham, MD: University Press of America, 2007.
Respect for the elderly: Implications for human service
    providers. Lanham, MD: University Press of America, 2009.
Advancing social welfare of Korea: Challenges and ways.
    Seoul: Jimoondang, 2010.

▌논 문

국내

한국노년학
사회복지학회지
사회복지
한국정신문화연구원논총
한림과학연구원 등에 100여 편 발표

국외

The Gerontologist
Journal of Aging Studies
International Journal of Aging and Human Development
Journal of Gerontological Social Work
Journal of Social Service Research
Administration in Social Work 등에 65편 발표

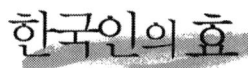

한국인의 효

시대의 변화와 실천의 유형

초판인쇄 | 2010년 1월 5일
초판발행 | 2010년 1월 5일

지은이 | 성규탁
펴낸이 | 채종준
펴낸곳 | 한국학술정보㈜
주 소 | 경기도 파주시 교하읍 문발리 파주출판문화정보산업단지 513-5
전 화 | 031) 908-3181(대표)
팩 스 | 031) 908-3189
홈페이지 | http://www.kstudy.com
E-mail | 출판사업부 publish@kstudy.com
등 록 | 제일산-115호(2000. 6. 19)

ISBN   978-89-268-0499-5 14190 (Paper Book)
       978-89-268-0500-8 18190 (e-Book)
       978-89-268-0728-6 14190 (Paper Book set)
       978-89-268-0729-3 18190 (e-Book set)

이담 는 한국학술정보(주)의 지식실용서 브랜드입니다.